클로저 시작하기

기본 개념과 7주 훈련 프로그램

Living Clojure
by Carin Meier

클로저 시작하기: 기본 개념과 7주 훈련 프로그램

초판 1쇄 발행 2016년 4월 1일 **지은이** 캐린 마이어 **옮긴이** 박상규, 김만명, 김영태 **펴낸이** 한기성 **펴낸곳** 인사이트 **편집** 정수진 **본문 디자인** 윤영준 **제작·관리** 박미경 **용지** 월드페이퍼 **출력·인쇄** 현문인쇄 **제본** 자현제책 **등록번호** 제10-2313호 **등록일자** 2002년 2월 19일 **주소** 서울시 마포구 잔다리로 119 석우빌딩 3층 **전화** 02-322-5143 **팩스** 02-3143-5579 **블로그** http://blog.insightbook.co.kr **이메일** insight@insightbook.co.kr **ISBN** 978-89-6626-180-2 책값은 뒤표지에 있습니다. 잘못 만들어진 책은 바꾸어 드립니다. 이 책의 정오표는 http://www.insightbook.co.kr/117430에서 확인하실 수 있습니다. 이 도서의 국립중앙도서관 출판예정도서목록(CIP)은 서지정보유통지원시스템 홈페이지(http://seoji.nl.go.kr)와 국가자료공동목록시스템(http://www.nl.go.kr/kolisnet)에서 이용하실 수 있습니다.(CIP제어번호:CIP2016007273)

클로저 시작하기

기본 개념과 7주 훈련 프로그램

LIVING CLOJURE

캐린 마이어 지음

박상규, 김만명, 김영태 옮김

인사이트
insight

삶과 배움에 대한 사랑으로 많은 이들에게 영감을 준
짐 와이리히(Jim Weirich: 1956-2014)에게 이 책을 바친다.

차례

옮긴이의 글

클로저는 함수형 프로그래밍 언어이자 현대적인 리스프입니다. 자바 가상 머신과 마이크로소프트 닷넷의 CLR, 자바스크립트의 다양한 환경에서 실행됩니다. 아마존, 월마트, 씨티은행, 넷플릭스 등 많은 기업에서 클로저를 이용해 대규모 서비스를 안정적으로 구축하였고, 다양한 스타트업에서 프로토타입을 빠르게 만드는 데 사용하고 있습니다.

클로저가 최근 각광을 받고 있지만 초보자를 위한 책을 찾기가 쉽지 않았습니다. 그러던 중 한 클로저 모임에서 이 책을 처음 알게 되었습니다. 읽어보니 다른 책과는 달리 아주 쉽고 간결해서 단숨에 읽어나갈 수 있었습니다. 희망을 갖게 되었습니다. 이런 책이 소개된다면 한국에서 클로저에 관심 있는 많은 분들이 쉽게 시작할 수 있겠다고요.

번역을 하면서 자세히 보니 따라하기 쉽도록 구성한 점이 좋았습니다. 1장에서 6장까지는 클로저의 기본 문법을 저자가 바로 옆에서 알려주는 것처럼 친절히 설명합니다. 7장이 특히 좋습니다. 길을 잃을 수 있는 방대한 클로저 웹 세계를 기초부터 천천히 배울 수 있습니다. 8장과 11장에서는 매크로와 변환자를 다뤄볼 수 있어 든든했습니다. 9장을 통해서는 클로저에 대한 다양한 배경 지식을 얻을 수 있습니다. 10장에서는 이전까지 배운 내용을 충분히 연습할 수 있는 훈련 프로그램을 제공합니다.

요즘 함수형 프로그래밍에 대한 관심이 많습니다. 하지만 새로운 프로그래밍 방식을 익히는 일은 생각하는 방식을 바꿔야 하기 때문에 쉽지 않습니다. 명령형에서 객체지향형으로 전환했던 경험을 떠올려보면 이것이 얼마나 어려운지 알 수 있습니다. 이 책의 단계적인 훈련을 따라

가다 보면 함수형 프로그래밍을 차근차근 익힐 수 있을 것이라 생각합니다.

이 책도 단점은 있습니다. 클로저를 처음 접하는 분들을 대상으로 하기 때문에 깊이 있는 내용이 부족합니다. 이 책의 내용을 지도로 삼고 다양한 책과 인터넷을 통해 멋진 클로저의 세계를 여행하시길 바랍니다.

번역 과정은 예상보다 쉽지 않았습니다. 한 단어, 한 문장을 번역하기 위해 긴 토론을 하기도 했습니다. 신기했던 경험은 번역의 미묘한 오류를 역자 세 명이 번갈아가며 느꼈다는 점입니다. 한 사람이었다면 그런 오류를 찾기 힘들었을 겁니다. 환상의 호흡이었습니다.

많은 분께 감사합니다. 처음 이 책을 소개해 주신 한철희, 정재훈님 감사합니다. 많은 이야기를 나눌 수 있었던 구글 그룹스와 페이스북, 카카오톡의 클로저 모임 분들께 감사합니다. 바쁜 시간을 쪼개 베타 리딩에 참여해주신 강현구, 김선호, 김종민, 박근식, 양완수님 감사합니다. 작은 클로저 시장인데도 손익을 생각하지 않고 번역을 허락해 주신 한기성 대표님, 홍원규 편집장님 감사합니다. 마지막으로, 효과적으로 프로젝트를 진행한 송우일 편집자님, 정성스럽게 편집해 주신 정수진 편집자님께 감사드립니다.

— 옮긴이 일동

서문

이 책을 쓰게 된 동기는 두 가지이다. 첫 번째 가장 직접적인 동기는 수년간 클로저를 배우며 탐구하고 직업으로 프로그래밍했던 경험에서 비롯된다. 두 번째는 좀 더 간접적인데, 처음으로 달리기를 시작했을 때의 경험 때문이다. 처음에는 완전히 실패했다. 달리기는 나와 맞지 않는다고 생각했다. 그러다 운 좋게도 'Couch to 5k'라는 멋진 프로그램을 알게 되었다. 이 앱을 만든 사람은 사람들이 운동 목표를 달성하지 못하는 가장 흔한 이유가 너무 빨리, 너무 많은 것을 이루고자 하기 때문이라는 것을 깨닫게 되었다. 그래서 이러한 문제를 해결하기 위해 점진적인 8주간의 훈련 프로그램을 개발했는데, 이 프로그램은 사용자가 쉬지 않고 30분을 달리는 것을 목표로 한다. 쉽지 않았지만, 목표 달성에 성공해서 나는 30분 동안 계속 달릴 수 있었다.

몇 주 후에 나는 한 사용자 모임이 끝난 후 동료 개발자들과 함께 있었다. 대화 주제는 클로저로 바뀌었다. 우리 중 몇몇은 클로저를 사용하는 것이 얼마나 즐거운지 이야기했지만, 다른 한 명은 클로저를 배우려고 했지만 이해하기 어려웠다고 불평했다. 그는 벼락치기로 한 주 만에 모든 것을 배우려고 했던 것이다. 너무 많은 것을, 너무 빠르게 말이다. 달리기를 배울 때의 문제와 새로운 프로그래밍 언어를 배울 때가 크게 다르지 않은 것 같다. 새로운 언어를 배우는 과정은 새로운 사고방식을 배우는 것으로, 새로운 방식으로 문제를 처리하고 풀도록 두뇌를 훈련하는 것이다. 이것은 하루아침에 이루어지지 않는다. 달리기처럼 지속적인 훈련이 필요한 것이다.

　이러한 동기 때문에 이 책이 나오게 되었다. 이 책은 클로저 학습의 입문서이면서 동시에 당신의 두뇌가 새로운 방식으로 사고하도록 만들어 주는 체계적인 훈련 프로그램이다.

이 책은 누구를 위한 것인가

쉬운 클로저 입문서를 찾는가? 다른 언어로 프로그래밍해 본 경험이 있는가? 그렇다면 이 책은 당신을 위한 책이다. 이 책에서는 클로저와 관련된 프로그래밍 개념을 설명할 것이다. 또한, 객체지향 프로그래밍의 개념에 대해서도 함수형 프로그래밍과 비교하여 간단히 언급할 것이다. 이것을 논할 때 독자들이 객체지향 개발과 친숙하다고 가정할 것이다. 그래서 만약 루비나 자바 같은 다른 언어를 많이 경험해 보았다면 이러한 논의가 쉽게 느껴질 것이다. 초보 프로그래머라면 프로그래밍 개념에 대한 포괄적인 입문서나 참고서를 함께 읽으면 좋다.

　프로그래밍 언어에 대해 잘 알거나 클로저를 깊게 알고 싶다면 이 책은 당신에게 맞지 않는다. 클로저 방식으로 생각하는 법을 배우는 것이 목표이기 때문에, 클로저의 중요한 점들에 초점을 맞추고 세세한 것은 생략한다. 클로저의 라이브러리와 툴도 이러한 방식으로 설명할 것이다. 이 책의 주안점은 클로저의 가장 일반적이고 실용적인 부분에 대해 총체적으로 보여주는 것이기 때문에 이 책을 다 읽은 후에는 클로저를 부담 없이 시작할 수 있을 것이다.

이 책을 사용하는 법

이 책은 지식을 배우고 실습하면서 클로저를 익히도록 구성되어 있다. 이 책을 만들게 된 동기가 두 개였듯이, 책은 크게 두 부분으로 나뉘어 있다. 1부는 클로저 프로그래밍 언어의 단순성과 강력함을 설명한다. 여기서는 클로저의 일반적 사용법과 유용한 라이브러리를 다룬다. 2부는 클로저 훈련 프로그램이다. 주별 훈련 프로그램을 통해 클로저 개발자로 입문해서 성공하는 데 필요한 연습을 하고 지식과 도구를 얻게 될 것이다.

1부는 코드 예제를 통해 클로저를 소개한다. 명심해야 할 중요한 점들은 다음과 같다.

예제를 실행해 보자

가능한 한 책을 빠르게 읽어나가고 싶은 유혹이 있을 것이다. 하지만 실제로 코드 예제를 실행해 보고 그 결과를 직접 보는 것이 이해하는 데 많은 도움이 된다. 시간을 들여 새로운 개념과 명령어들을 직접 실행해 보자. 이 서문 뒷부분에서 클로저를 실행하기 위한 환경을 설정해 볼 것이다.

서두르지 말자

이 책의 1부에서는 많은 내용을 다루게 된다. 모든 것이 바로 이해되지는 않을 것이다. 아주 당연하다. 사실 이 책이 그렇게 구성되어 있다. 2부는 1부의 내용에 기반한 훈련 프로그램인데, 실습을 통해 클로저의 기본 개념을 체득한다. 훈련 프로그램을 따라가면서 문제를 풀다 보면 해결책을 찾기 위한 도구와 지식을 모두 갖추게 된다.

다시 한 번 말하면, 새로운 방식으로 생각하는 것을 배우는 데에는 시간이 걸린다. 서두르지 말자.

괄호에 대해서는 신경 쓰지 말자

클로저 코드를 본 사람들이 일반적으로 처음 하는 걱정은 괄호에 대한 것이다.

괄호에 대해서는 신경 쓰지 말자. 정말로.

paredit 모드(자동으로 괄호를 맞추어 주는 모드)가 있는 에디터로 클로저 코드를 작성하면 그런 걱정은 사라질 것이다. 4장에서 에디터 선택과 설정에 대해 다룬다.

괄호 덕분에 클로저가 갖게 되는 단순함과 우아함은 클로저의 주요 장점 중 하나이다. 어떤 사람들은 괄호로 코드를 둘러싸는 것을 마치 괄호가 코드를 두 팔로 포옹하는 것처럼 생각하기도 한다.

한 가지 더 - 즐기자!

클로저는 즐거움을 주는 언어이다. 새로운 언어를 배우는 것은 신나는 모험이고, 경이로움으로 가득하다. 모험을 받아들이자.

코드 예제들은 때로 따분하고 무미건조하고 무의미한 숫자들로 가득해서, 솔직히 지루하다. 이러한 점 때문에 스토리텔링(storytelling)의 힘을 빌려 코드 예제를 재미있게 만들었다. 우리의 뇌는 이야기를 들을 때 더 활성화된다. 실제 연구에 따르면 문제를 이야기 형식으로 보여줄 때 학습 효과가 크다고 한다. 그래서 루이스 캐롤(Lewis Carroll)의 『이상한 나라의 앨리스』를 이 책의 소재로 삼겠다.

클로저를 설명하면서 이상한 나라의 앨리스 이야기를 코드 예제에도 넣을 것이다. 앨리스와 모험을 함께하다 보면 즐거움과 재미를 느낄 수 있을 것이다.

이 책을 읽기 위해 필요한 것

여행을 시작하려면 먼저 짐을 꾸리고 준비를 해야 한다. 다행히 이번 모험에는 짐이 많이 필요하지는 않다.

자바 설치

컴퓨터에 자바(Java)가 설치되어 있어야 한다. 이를 확인하기 위해 명령창을 열고 다음을 입력하자.

```
java -version
```

자바가 설치되어 있다면 다음과 같은 것이 보인다.

```
java version "1.8.0_66"
Java(TM) SE Runtime Environment (build 1.8.0_66-b17)
Java HotSpot(TM) 64-Bit Server VM (build 25.66-b17, mixed mode)
```

만약 버전이 1.6 이상이면 준비가 된 것이다. 버전이 1.6보다 낮으면 자바 사이트에서 최신 버전을 내려받아 설치하자.[1]

 잠깐. 클로저를 배우는데 왜 자바가 필요하지?

클로저는 자바 가상 머신(JVM)에서 실행된다. 자바 가상 머신은 많은 대형 기업에서 사용하는 안정적이고 성숙한 플랫폼이다. 자바 가상 머신은 빠르고 확장성이 있으며 신뢰할 수 있는 프로그램을 실행하기에 훌륭한 환경을 갖추고 있다.

클로저 코드를 작성하기 위해 자바를 알 필요는 없다. 하지만 자바 클래스와 라이브러리가 필요할 때 이용할 수 있다. 클로저를 어느 정도 익힌 후에 자바를 이용하는 방법을 배우게 될 것이다.

이제 자바가 설치되었으니 클로저 REPL만 있으면 된다.

클로저 REPL 준비하기

클로저에는 REPL이라는 중요한 대화식 개발 도구가 있는데, 읽고

---

[1] 자세하게는 http://www.oracle.com/technetwork/java/javase/downloads/index.html에서 최신 버전의 JDK를 설치하면 된다

(read) 평가하고(eval) 출력하기(print)의 반복(loop)을 의미한다. 일단 클로저 REPL에 들어가면 바로 클로저 언어를 사용할 수 있다. 클로저 코드를 입력하고 엔터를 치면, REPL은 코드를 평가[2]하고 결과를 출력한다. REPL은 클로저를 익힐 때 핵심적인 역할을 한다.

그럼 이제 클로저 REPL을 시작해 보자. 우리는 이 책 전체에서 REPL을 이용해 코드를 실행하고 분석할 것이다. 초반부에서는 오로지 REPL에서만 코드를 실행하게 된다. 4장에서 클로저 프로젝트를 만들 때는 다른 에디터와 도구를 사용하게 될 것이다. 자 이제 REPL을 실행하는 가장 쉬운 방법으로 라이닝언(Leiningen)을 사용할 것인데, 이것은 클로저 프로젝트를 만들 때 널리 쓰이는 도구이다.

다음의 순서에 따라 REPL을 실행해 보자.

1. 라이닝언(Leiningen) 웹 사이트에 가서 안내에 따라 설치한다.[3]
2. 다음 명령으로 wonderland라는 새 프로젝트를 만든다.

```
$ lein new wonderland
```

3. 다음 명령으로 새로 만든 프로젝트로 들어간다.

```
$ cd wonderland
```

4. 다음 명령으로 클로저 REPL을 실행한다.

```
$ lein repl
```

그러면 다음과 같이 나온다.

---

2 (옮긴이) 여기서 평가는 코드를 실행하여 계산하는 것을 의미한다.
3 (옮긴이) 2016년 1월 현재, 추천하는 설치 방법은 다음과 같다.

  1) 맥/리눅스
```
$ wget https://raw.githubusercontent.com/technomancy/leiningen/stable/bin/lein
$ chmod a+x lein
$ mv lein /usr/local/bin
$ lein
```
  위에서 /usr/local/bin는 사용자에 따라 바뀔 수 있다.

  2) 윈도우
  다음 주소의 설치파일이 쉽다. http://leiningen-win-installer.djpowell.net

```
nREPL server started on port 65247 on host 127.0.0.1 - nrepl://127.0.0.1:65247
REPL-y 0.3.7, nREPL 0.2.12
Clojure 1.8.0
Java HotSpot(TM) 64-Bit Server VM 1.8.0_66-b17
    Docs: (doc function-name-here)
          (find-doc "part-of-name-here")
  Source: (source function-name-here)
 Javadoc: (javadoc java-object-or-class-here)
    Exit: Control+D or (exit) or (quit)
 Results: Stored in vars *1, *2, *3, an exception in *e

user=>
```

마지막 줄은 입력을 기다리는 REPL 프롬프트이다. 다음을 입력하고 엔터키를 누르자.

```
(+ 1 1)
```

그 결과로 다음 줄에 2가 나타난다.

```
REPL server started on port 65247 on host 127.0.0.1 - nrepl://127.0.0.1:65247
REPL-y 0.3.7, nREPL 0.2.12
Clojure 1.8.0
Java HotSpot(TM) 64-Bit Server VM 1.8.0_66-b17
    Docs: (doc function-name-here)
          (find-doc "part-of-name-here")
  Source: (source function-name-here)
 Javadoc: (javadoc java-object-or-class-here)
    Exit: Control+D or (exit) or (quit)
 Results: Stored in vars *1, *2, *3, an exception in *e

user=> (+ 1 1)
2
user=>
```

REPL은 당신이 입력한 것을 읽고, 평가하고, 그 결과를 출력한다.

이 책에서는 다음처럼 코드의 결과값을 한 개의 세미콜론과 => 뒤에 표시한다.

```
(+ 1 1)
;=> 2
```

세미콜론은 클로저에서 주석을 나타낸다. 코드가 평가될 때 그 줄에서 세미콜론 뒤의 모든 내용은 무시된다. 전자책 버전을 사용하여 책의 예제를 REPL에 복사 붙이기해서 실행하는 경우, 이렇게 결과를 주석으로 표시하는 방식은 매우 편리하다.

이제 당신은 REPL의 힘을 갖게 되었다. 1장에서 REPL을 이용해 클로저 여행을 시작하자.[4]

감사의 글

책 쓰기는 내가 해본 가장 어려운 프로젝트 중 하나였다. 혼자서라면 도저히 할 수 없었을 것이다. 직간접적으로 도움을 주신 모든 분들에게 감사의 말을 전하고 싶다.

우선 편집자 매건 블란셰트(Meghan Blanchette)에게 감사한다. 초보 작가를 도와 책을 만드는 것은 쉬운 일이 아니다. 그녀는 항상 프로그래밍 개념을 분명하고 논리적으로 표현하도록 이끌면서, 참을성 있게 기다려주고 용기를 북돋워 주었다. 그녀의 마음은 항상 독자를 향해 있었다. 고마워요. 당신은 멋져요.

이 책을 검토한 모든 분들에게 감사한다. 여러분의 피드백은 아주 값진 것이었다. 특히 콜린 존스(Colin Jones), 가브리엘 앤드레타(Gabriel Andretta), 엘리엇 하우저(Elliot Hauser), 루이지 몬테네즈(Luigi Montanez)에게 감사한다.

이 책을 만드는 데 기여하고 인용을 허락한 모든 분들에게 감사한다. 특히, 앨런 멀로이(Alan Malloy), 알렉스 맥내마라(Alex McNamara), 데이빗 번(David Byrne), 앤서니 그라임스(Anthony Grimes)는 나의 첫 클로저 오픈 소스 프로젝트를 재미있게 만드는 데 도움을 주었다. 이 책의 훈련 프로그램에서 4Clojure 문제를 복사하도록 허가해 주신 분들에게 특별히 감사드린다. 특히 라이닝언과 클로자(Clojars)뿐 아니라, 5장의 안내에 도움을 준 필 헤이글버그(Phil Hagelberg)에게도 특별히 감사한다. 스크린샷을 사용하도록 허락해 주신 마이클 클리신(Michael Klishin), 제임스 리브스(James Reeves), 프란체스코 벨로미(Francesco

---

4 (옮긴이) 이 책에서는 프로젝트 안에서 lein repl을 실행했지만, 실제로는 프로젝트와 상관없이 어떤 경로에서도 lein repl을 실행시킬 수 있다는 사실을 알아두면 편리하다.

Bellomi), 재커리 킴(Zachary Kim), 리드 맥켄지(Reid McKenzie) 외 모든 분들에게 감사드린다.

신시내티 함수형 프로그래머 그룹 회원들, 특히 크레이튼 커켄덜(Creighton Kirkendall), 조 허버스(Joe Herbers), 벤자민 길라쉬(Benjamin Kyrlach)에게 감사한다. 그들은 내가 수년 전에 이 그룹을 설립하는 데 도움을 주었다. 여러분 덕분에 우리 그룹은 지역 사회에서 클로저와 함수형 언어를 위한 강력한 커뮤니티가 될 수 있었다. 여러분들과 이 여행을 함께 시작해서 기쁘다.

신시내티 개발자 커뮤니티에 감사한다. 여러분들 모두는 나의 친구이며, 나는 영원히 여러분들의 지원과 격려에 감사할 것이다. 금요일 아침 커피 모임의 정회원들은 내가 올바른 판단을 하도록 도와주었다.

클로저 커뮤니티는 클로저를 배우고 성장하는 데 멋진 장소가 되어주었다. 훌륭한 소프트웨어를 만들어 준 리치 히키(Rich Hickey), 스튜 할로웨이(Stu Halloway), 저스틴 제틀런드(Justin Gehtland)와 그 외 모든 코그니텍트(Cognitect) 분들에게 감사한다. 훌륭한 컨퍼런스로 커뮤니티를 뭉치게 한 알렉스 밀러(Alex Miller)도 고맙다. 나에게 처음으로 클로저를 소개하고 계속 영감을 준 『The Joy of Clojure』의 저자인 마이클 포거스(Michael Fogus)와 크리스 하우저(Chris Houser)에게도 감사한다. 그리고 클로저 커뮤니티의 많은 사람들에게도 감사를 표한다. 데이빗 놀렌(David Nolen), 스튜어트 시에라(Stuart Sierra), 알렉스 배러노스키(Alex Baranosky), 앨런 디퍼트(Alan Dipert), 앰브로스 보내어-써전트(Ambrose Bonnaire-Sergeant), 젠 스미스(Jen Smith), 샘 애론(Sam Aaron), 조나단 그레이엄(Jonathan Graham), 에릭 노먼드(Eric Normand), 애론 브룩스(Aaron Brooks), 브렌트 애시워스(Brenton Ashworth), 루크 벤터하트(Luke VanderHart), 보딜 스토크(Bodil Stokke), 브르스 덜링(Bruce Durling), 채즈 에머릭(Chas Emerick), 타비스 러드(Tavis Rudd), 크리스 포드(Chris Ford), 크레이그 언데라(Craig Andera), 마이클 니거드(Michael Nygard), 요딧 스탠튼(Yodit Stanton), 데이빗 폴락(David Pollak), 데너얼 히긴버텀(Daniel

Higginbotham), 라이언 뉴펠드(Ryan Neufeld), 나다 애민(Nada Amin), 윌리엄 버드(William Byrd), 애나 폴리카(Anna Pawlicka), 카일 킹즈베리(Kyle Kingsbury), 잭 텔맨(Zach Tellman), 잭 메릴(Zack Maril). 아웃페이스 시스템즈(Outpace Systems)의 클로저 친구들과 미처 언급하지 못한 다른 사람들에게도 감사를 표한다.

마지막으로, 주말과 저녁에 작업하는 것을 묵묵히 견디어 준 가족들이 고맙다. 나의 가족들에게 정말 사랑한다고 말하고 싶고, 그들에게 이 책의 속편을 쓰지 않을 것을 약속한다.

이 책에 쓰인 표시

💡 이 표시는 추가 정보나 팁을 나타낸다.

✓ 이 표시는 메모를 나타낸다.

❗ 이 표시는 주의나 경고를 나타낸다.

1부

클로저 여행 안내

이 책의 1부는 클로저 여행을 위한 친절한 안내이다. 1부는 언어 자체와 프로젝트 설정, 그리고 유용한 라이브러리들에 대한 균형 잡힌 이해를 갖추고 클로저를 시작할 수 있도록 구성되었다. 여기서 사용된 코드 예제들은 『이상한 나라의 앨리스』를 소재로 삼을 것이다. 1부는 2부를 준비하도록 도와주는데, 2부의 훈련 프로그램을 통해 앞에서 배웠던 것을 자신의 것으로 만들게 될 것이다.

무엇보다도 즐기는 것이 중요하다. 자, 재미있는 클로저의 세계로 탐험을 떠나자.

1장

클로저의 구조

이제 시작해 보자. 클로저 REPL이 준비되어 있어야 한다. 서문에서 설명한 방법에 따라 REPL을 준비하자. 그래야 이번 장에 나오는 코드 예제를 실행해볼 수 있다.

시작이 가장 어려운 법이다. 클로저에는 굉장한 것이 너무 많아서 어디서부터 시작해야 할지 정하기 힘들다. 잘 모를 때는 항상 간단하게 시작하는 것이 좋다. 이 장의 목표는 클로저 식(expression)의 기본 구조를 이해하는 것이다. 그렇다면 클로저 REPL에 입력할 수 있는 가장 간단한 코드는 무엇일까?

정수는 어떨까?

REPL에 마음에 드는 정수를 입력하고 무슨 일이 일어나는지 보자.

```
42
;=> 42
```

다음은 여기에서 진행되는 과정을 설명한 것이다.

1. REPL에 숫자 42를 입력하고 엔터키를 누른다.
2. 이 식의 결과는 자기 자신이다(즉, 자기 자신으로 평가되어 42가 되었음을 의미한다).

3. 그 식의 결과가 출력된다. 이 책에서는 결과가 화면에 출력되었다는 것을 보여주기 위해서 ;=> 를 사용한다.

이것은 아주 단순한 예제이지만 클로저 코드가 평가되는 기본적인 과정을 보여준다. 클로저 코드는 식으로 구성되며 그 식이 평가된 결과가 반환된다. 이들 중 가장 단순한 것은 자기 자신으로 평가되는 식이다. 이러한 식을 단순값(simple value) 또는 리터럴(literal)이라고 부른다.

단순값으로 처음 시작하기

자기 자신으로 평가되는 또 다른 클로저 코드를 REPL에 입력해 보자. 정수는 해 봤으니 이제 실수를 입력해 보자.

```
12.43
;=> 12.43
```

분수는 어떨까?

```
1/3
;=> 1/3
```

분수가 평가될 때 실수로 변환되지 않는 것에 주목하자. 이런 식으로 처리하면 실수를 다룰 때 발생하는 잘림(truncation) 현상을 걱정하지 않아도 되므로 아주 유용하다. 분수에서 분모와 분자 간에 약분이 가능하면 다음 예처럼 약분된다.

```
4/2
;=> 2
```

분수의 분모와 분자에는 정수만 올 수 있다는 것에 주의하자. 실수가 오면 어떤 일이 생기는지 보자.

```
4.0/2
;=> NumberFormatException Invalid number: 4.0/2
```

만약 산술 연산을 하려면 괄호로 둘러싼 더 큰 식이 필요하다. 방금 분수를 해봤으니 1을 3으로 나누어 보자.

```
(/ 1 3)
;=> 1/3
```

클로저가 다른 언어와 차이가 나는 점은 괄호이다. 그리고 또 다른 점은 연산자가 먼저 오고, 나누고자 하는 값들이 뒤에 온다는 것이다. 이것이 클로저 코드의 기본 구조이다. 함수나 연산자가 먼저 오고 필요한 인수들이 뒤에 온다. 또한, 결과가 분수 값인 것에도 주목하자.

> ✅ 클로저에서는 함수나 연산자가 먼저 오고, 필요한 인수들이 뒤에 온다.

나누기 예제로 되돌아가서 이번에는 실수로 다시 해 보자.

```
(/ 1 3.0)
;=> 0.3333333333333333
```

결과는 실수인데, 인수 중 하나가 실수이기 때문이다.

이제 숫자 말고 문자열처럼 자기 자신으로 평가되는 다른 단순값에 대해 알아보자. 혹시 지금 배고픈가? REPL에 "jam"을 입력해 보자.

```
"jam"
;=> "jam"
```

클로저의 문자열은 큰따옴표로 둘러싸서 만든다.

클로저에서 키워드(keyword)는 콜론(:)으로 시작하는 식별자이다. 나중에 좀 더 설명하겠지만, 키워드는 특별한 속성을 갖고 있어서 매우 유용하게 사용된다. 키워드 역시 단순값이다. jam 바로 앞에 콜론을 붙여 키워드로 만들어보자.

```
:jam
;=> :jam
```

때로는 문자열이나 키워드가 아닌 문자 하나만을 원할 때가 있다. 이를 위해서 역슬래시 뒤에 문자를 붙인다. 예를 들어 문자 j를 표현하기 위해서 \j를 사용하면, 클로저는 그것을 문자 하나로 인식한다. 이것은 하나의 문자(\j)만을 원할 때 그것을 문자열("j")로 표현하는 것에 비해 부하가 줄어들기 때문에 좋다.

```
\j
;=> \j
```

자기 자신으로 평가되는 단순값이 또 있는데, 불린(boolean)이다. true
와 false를 입력해 보자.

```
true
;=> true

false
;=> false
```

마지막으로 작지만 중요한 nil이다. nil은 클로저에서 값이 없음을 표
현한다.[1]

```
nil
;=> nil
```

지금까지 클로저의 단순값들을 알아보았다. 이제 그것들로 무언가를
해 보자. 그중 하나는 식에서 사용하는 것이다. 이미 간단한 나누기를
해보았으니, 이번에는 더하기를 해 보자.

```
(+ 1 1)
;=> 2
```

위 식이 평가된 결과는 2이다. 또한 식 내부에 식이 포함될 수 있다.

```
(+ 1 (+ 8 3))
;=> 12
```

이 경우에 내부의 식 (+ 8 3)이 먼저 평가되고, 그 결과에 1이 더해진다.
　단순값은 식뿐만 아니라 컬렉션(collection)에서도 사용할 수 있다.
만약 문자열이나 정수의 컬렉션을 표현하려고 한다면 그것을 만들 방법
이 필요하다. 다음 절에서 이것을 살펴보자.

1　(옮긴이) 자바의 null, 루비의 nil, 파이썬의 None에 해당한다.

클로저 데이터를 컬렉션에 담기

클로저에서 데이터를 담을 수 있는 컬렉션은 여러 가지가 있다. 리스트 (list), 벡터(vector), 맵(map), 집합(set)이 바로 그것이다. 이중 어떤 것을 사용할지는 데이터를 어떻게 배열하고 접근할 것인가에 달려 있다. 앞으로 이 모든 컬렉션을 다루겠지만, 먼저 리스트부터 시작하자.

리스트 컬렉션 사용하기

리스트는 컬렉션인데 가장 두드러진 특징은 요소들이 순서가 있다는 점이다. 클로저에서 리스트를 만드는 방법을 알아보자. 앞에서 코드 예제를 더 재미있게 하기 위해 스토리텔링을 사용하겠다고 했다. 이제 리스트처럼 재미있는 것이 나왔으니 이야기의 장면을 구성할 때이다.

앨리스가 하얀 토끼를 쫓아 토끼굴 속으로 들어갔다가 굴 아래로 떨어졌다. 너무 오랫동안 떨어지다보니 굴 벽면의 작은 선반들 위에 있는 잼 단지를 집어들어 살펴볼 수도 있었다. 그녀가 본 잼들의 일부를 리스트로 나열해 보자.

클로저에서 리스트를 만들려면 단순히 인용 기호(')를 괄호 앞에 붙이고 데이터를 괄호 안에 넣으면 된다.

```
'(1 2 "jam" :marmalade-jar)
;=> (1 2 "jam" :marmalade-jar)
```

클로저에서는 문자열, 정수, 키워드 같은 여러 종류의 값을 컬렉션 안에 혼합해 나열해도 상관없다. 또한 요소들 사이에 쉼표가 있어도 상관없다. 쉼표는 공백 문자처럼 취급되어 무시된다.

```
'(1, 2, "jam", :bee)
;=> (1 2 "jam" :bee)
```

클로저와 관련하여 관용적(idiomatic)이라는 말을 자주 듣게 될 것이다. 이것은 클로저 프로그래머들의 코딩 스타일을 말한다. 클로저 컬렉션에서 쉼표를 사용할 수 있지만 관용적이지는 않다.

> 💡 클로저에서 쉼표는 무시된다. 컬렉션에서 요소들을 구분할 때는 가급적 쉼표 대신 공백 문자를 사용하자.

리스트로 무엇을 할 수 있을까?

이러한 리스트를 어떻게 조작할까? 예를 들어 리스트의 첫 요소를 어떻게 가져올까? 이것을 위한 함수가 필요하다. 리스트는 두 가지 부분으로 구성되어 있다고 볼 수 있다. 하나는 리스트의 첫 요소이고, 다른 하나는 나머지 전체 요소들이다. first 함수는 리스트의 첫 요소를 반환한다. rest 함수는 나머지 모든 요소들의 리스트를 반환한다.

```
(first '(:rabbit :pocket-watch :marmalade :door))
;=> :rabbit

(rest '(:rabbit :pocket-watch :marmalade :door))
;=> (:pocket-watch :marmalade :door)
```

first와 rest 함수를 자유롭게 함께 쓸 수 있다.

```
(first (rest '(:rabbit :pocket-watch :marmalade :door)))
;=> :pocket-watch

(first (rest (rest '(:rabbit :pocket-watch :marmalade :door))))
;=> :marmalade

(first (rest (rest (rest '(:rabbit :pocket-watch :marmalade :door)))))
;=> :door
```

rest를 계속 사용해서 리스트의 마지막에 다다르면 nil을 만나게 된다. 이것은 물론 아무것도 없다는 의미지만 이 경우에는 리스트의 끝을 의미한다.

```
(first (rest (rest (rest (rest '(:rabbit :pocket-watch :marmalade :door))))))
;=> nil
```

처음 볼 때는 이런 방식으로 리스트를 순회하는 것이 아주 이상하게 보일 수 있다. 하지만 이런 단순한 방식은 재귀 함수를 만들 때 아주 강력한 힘을 발휘한다. 이에 대해서는 2장에서 자세히 살펴볼 것이다.

지금까지는 모든 요소들을 집어넣어서 리스트를 단번에 생성했다. 하지만 리스트를 조금씩 만들어 가려면 어떻게 해야 할까? 답은 단순하긴 하지만 상당히 강력하다. cons라는 단 하나의 함수로 리스트를 만들 수 있다.

cons 함수는 두 개의 인수를 받는다. 첫째는 추가하고자 하는 요소이고, 둘째는 그 요소가 추가될 리스트이다. 그래서 빈 리스트에 무언가를 추가하려면 다음과 같이 한다.

```
(cons 5 '())
;=> (5)
```

nil은 리스트의 끝을 표시하기 때문에 요소를 nil에 cons하는 방식으로도 위와 동일한 일을 할 수 있다.

```
;; nil로 리스트를 만들기
(cons 5 nil)
;=> (5)
```

이제부터 더 큰 리스트를 만들 수 있다.

```
(cons 4 (cons 5 nil))
;=> (4 5)
```

그보다 더 큰 것도.

```
(cons 3 (cons 4 (cons 5 nil)))
;=> (3 4 5)
```

그보다 훨씬 더 큰 것도.

```
(cons 2 (cons 3 (cons 4 (cons 5 nil))))
;=> (2 3 4 5)
```

이렇게 리스트를 만들어 보았지만 그게 전부는 아니다. 인용 기호(')와 더불어 list 함수도 이용할 수 있다는 것을 알아두면 좋다. 이들을 이용하면 요소의 개수가 많은 리스트를 만들기 쉽다.

```
'(1 2 3 4 5)
;=> (1 2 3 4 5)
```

```
(list 1 2 3 4 5)
;=> (1 2 3 4 5)
```

리스트는 첫 번째 요소를 가져오고 싶을 때는 좋다. 하지만 중간에 있는 요소를 가져오고 싶다면? 다른 말로, 인덱스 접근이 필요하다면? 그럴 때는 벡터가 필요하다.

벡터를 사용해 인덱스로 데이터 접근하기

벡터는 아주 편리해서 클로저에서 많이 쓰인다. 벡터는 대괄호로 둘러싸서 만든다.

```
[:jar1 1 2 3 :jar2]
;=> [:jar1 1 2 3 :jar2]
```

벡터에서도 first와 rest 연산이 동작한다.

```
(first [:jar1 1 2 3 :jar2])
;=> :jar1

(rest [:jar1 1 2 3 :jar2])
;=> (1 2 3 :jar2)
```

리스트와는 달리 벡터는 인덱스를 통해 빠르게 요소에 접근할 수 있다. nth 함수는 해당 인덱스에 있는 벡터의 요소에 접근할 수 있다.[2]

```
(nth [:jar1 1 2 3 :jar2] 0)
;=> :jar1

(nth [:jar1 1 2 3 :jar2] 2)
;=> 2
```

다른 유용한 함수는 last인데, 벡터의 마지막 요소를 반환한다.

```
;; 벡터에 last 적용
(last [:rabbit :pocket-watch :marmalade])
;=> :marmalade

;; 리스트에 last 적용
(last '(:rabbit :pocket-watch :marmalade))
;=> :marmalade
```

---

2 (옮긴이) 인덱스는 0부터 시작한다.

벡터뿐만 아니라 리스트에서도 nth와 last를 사용할 수 있지만, 벡터의 인덱스 접근 성능이 더 좋다. 그림 1-1에서처럼 리스트는 처음부터 시작해서 원하는 요소까지 가면서 그 요소를 찾기 때문이다.

리스트

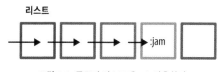

그림 1-1. 클로저 리스트에 nth 사용하기

반대로 벡터는 전체를 거치지 않고 바로 요소에 접근할 수 있다(그림 1-2).

벡터

그림 1-2. 클로저 벡터에 nth 사용하기

인덱스로 컬렉션의 요소에 접근할 필요가 있다면 벡터를 쓴다.

　벡터와 리스트는 둘 다 클로저의 컬렉션이다. 다른 타입의 컬렉션도 있는데, 잠시 뒤에 다룰 것이다. 그전에 이러한 컬렉션의 공통점들에 대해 잠시 이야기해 보자.

컬렉션들의 공통점들

모든 컬렉션은 불변(immutable)이고 존속적(persistent)[3]이다. 불변이란 컬렉션의 값이 변하지 않는다는 것을 의미한다. 컬렉션에 요소를 cons로 요청하게 되면, 원래의 컬렉션은 변하지 않는다. 단지 그 요소가 추가된 새로운 버전의 컬렉션이 반환된다. 존속이란 구조 공유

3　(옮긴이) persistent는 통상 '영속적'으로 번역되는데, 그 의미는 데이터가 사라지지 않게 데이터베이스나 하드 디스크같은 저장장치에 보존하는 것을 말한다. 즉 데이터를 영원히 보존한다는 의미로 '영속적'이라는 용어가 사용된 것이다. 하지만 여기서 말하는 persistent는 저장장치와는 관계가 없고, 데이터가 갱신됐지만 이전 버전의 값이 지워지지 않고 그대로 보존됨을 의미한다. 따라서 본 책에서는 이전 값들이 보존된다는 의미로 '존속적'이라는 용어를 사용한다.

(structual sharing)라는 기법으로 컬렉션의 신규 버전이 효율적으로 만들어진다는 것을 의미한다.

예제에서 보았듯이, 컬렉션은 first, rest, last와 같은 시퀀스 함수를 지원한다. 이제 컬렉션 함수 두 개를 더 언급하겠다. count 함수는 컬렉션의 크기를 반환한다.

```
(count [1 2 3 4])
;=> 4
```

conj 함수는 좀 재미있다. conj는 컬렉션에 하나 이상의 요소를 추가한다. 하지만 그 컬렉션의 데이터 구조에 가장 효율적인 방식으로 추가한다. 벡터의 경우 conj는 컬렉션의 맨 뒤에 요소를 추가한다.

```
;; conj는 벡터의 맨 뒤에 요소를 추가한다.
(conj [:toast :butter] :jam)
;=> [:toast :butter :jam]

;; 여러 개의 요소를 맨 뒤에 추가한다.
(conj [:toast :butter] :jam :honey)
;=> [:toast :butter :jam :honey]
```

그림 1-3은 벡터에 conj를 사용하는 것을 보여준다.

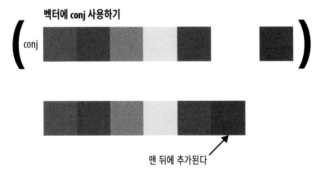

그림 1-3. 벡터에 conj 사용하기

리스트의 경우에는 맨 앞에 요소를 추가한다.

```
;; conj는 리스트의 맨 앞에 요소를 추가한다.
(conj '(:toast :butter) :jam)
;=> (:jam :toast :butter)

;; 여러 개의 요소를 맨 앞에 추가한다.
(conj '(:toast :butter) :jam :honey)
;=> (:honey :jam :toast :butter)
```

그림 1-4는 리스트에 conj를 사용하는 것을 보여준다.

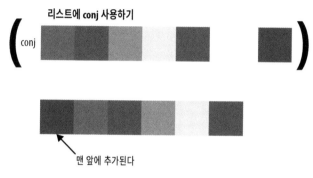

그림 1-4. 리스트에 conj 사용하기

✅ conj는 해당 데이터 구조에 가장 효율적인 방식으로 컬렉션에 요소를 추가한다. 리스트의 경우에는 시작 부분에 추가한다. 벡터의 경우에는 끝 부분에 추가한다.

다른 타입의 컬렉션을 살펴보자. 키-값 쌍으로 된 컬렉션이 있다면 참으로 유용할 것이다. 클로저에서는 이러한 컬렉션을 맵(map)이라 부른다.

맵을 사용해 키-값 쌍의 데이터를 저장하기

맵은 매우 유용해서 키-값 쌍으로 구조화된 데이터를 저장하는 데 많이 사용된다. 맵은 중괄호({})로 둘러싼다.

```
{:jam1 "strawberry" :jam2 "blackberry"}
;=> {:jam1 "strawberry", :jam2 "blackberry"}
```

쉼표는 클로저에서 공백 문자로 인식된다. 가독성을 위해 맵에서 쉼표를 사용할 수 있다. 도움이 된다면 쉼표를 사용해도 된다.

```
{:jam1 "strawberry", :jam2 "blackberry"}
;=> {:jam1 "strawberry", :jam2 "blackberry"}

{:jam1 "strawberry" :jam2 "blackberry"}
;=> {:jam1 "strawberry", :jam2 "blackberry"}
```

get 함수로 맵에서 값을 가져올 수 있다.

```
;; get을 명시적으로 사용한 예
(get {:jam1 "strawberry" :jam2 "blackberry"} :jam2)
;=> "blackberry"
```

만약 키가 없을 경우에는 디폴트 값을 줄 수 있다. get 함수의 마지막 인수로 디폴트 값을 주면 된다.

```
(get {:jam1 "strawberry" :jam2 "blackberry"} :jam3 "not found")
;=> "not found"
```

만약 맵의 키가 키워드라면 get을 사용하지 않고 맵에서 값을 가져오는 더 편리한 방법이 있는데, 키 자체를 함수로 사용하는 것이다. 키워드는 맵에서 가장 흔하게 키로 사용되는 자료형이다.

```
;; 키를 함수로 사용해 값 가져오기
(:jam2 {:jam1 "strawberry" :jam2 "blackberry" :jam3 "marmalade"})
;=> "blackberry"
```

어느 방식이 더 좋을까? 물론 그것은 상황에 따라 다르지만, 일반적으로 키를 함수로 사용하는 것이 더 관용적이다. 하지만 명시적으로 get 함수를 사용하는 것이 코드 읽기에 더 명료할 때도 있다.

　keys 함수는 맵의 키만을, vals 함수는 맵의 값만을 반환한다.

```
;; keys 함수
(keys {:jam1 "strawberry" :jam2 "blackberry" :jam3 "marmalade"})
;=> (:jam1 :jam2 :jam3)

;; vals 함수
(vals {:jam1 "strawberry" :jam2 "blackberry" :jam3 "marmalade"})
;=> ("strawberry" "blackberry" "marmalade")
```

맵의 값을 '갱신(update)'하려면 어떻게 해야 할까? 예를 들어, 마멀레이드(marmalade) 잼이 상해서 다른 잼으로 바꾸려면? 값을 바꾸는 작업은 코딩에서 매우 흔한 일이다. 하지만 컬렉션은 불변이기 때문에 값을 '갱신'한다고 말할 때는, 갱신된 값을 가진 새로운 데이터 구조를 반환한다는 것을 의미한다. 클로저의 존속적 데이터 구조는 구조 공유를 사용해 아주 효율적으로 생성된다.

 컬렉션은 불변이라는 사실을 기억하자. 컬렉션을 변경하는 함수는 새로운 버전의 컬렉션을 반환한다.

assoc 함수는 맵에 새로운 키-값 쌍을 결합한다.

```
(assoc {:jam1 "red" :jam2 "black"} :jam1 "orange")
;=> {:jam1 "orange", :jam2 "black"}
```

dissoc 함수는 맵과 키를 인수로 받아 그 키-값 쌍이 제거된 새로운 맵을 반환한다.

```
(dissoc {:jam1 "strawberry" :jam2 "blackberry"} :jam1)
;=> {:jam2 "blackberry"}
```

merge 함수는 여러 맵의 키-값 쌍을 합치는 데 아주 편리하다.

```
(merge {:jam1 "red" :jam2 "black"}
       {:jam1 "orange" :jam3 "red"}
       {:jam4 "blue"})
;=> {:jam1 "orange", :jam2 "black", :jam3 "red", :jam4 "blue"}
```

아직 다루지 않은 컬렉션이 하나 더 있다. 집합이라는 유일한 값들의 컬렉션이다.

집합을 사용해 유일한 데이터의 컬렉션 표현하기

집합은 요소의 중복이 없는 컬렉션을 만들 때 매우 유용하다. 집합은 #{}로 둘러싼다.

```
#{:red :blue :white :pink}
;=> #{:white :red :blue :pink}
```

```
;; 집합을 생성할 때 중복은 허용되지 않는다.
#{:red :blue :white :pink :pink}
;=> IllegalArgumentException Duplicate key: :pink
```

집합이기 때문에 합집합(union), 차집합(difference), 교집합(inter-section)과 같은 집합 연산이 가능하다. 이것들을 사용하기 위해서는 그 함수 앞에 clojure.set을 붙여주어야 한다.

다음으로 집합 연산을 볼 것이다. 그림 1-5는 집합 연산을 보여주는 예이다.

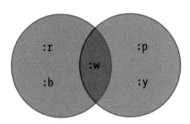

그림 1-5. 클로저에서의 집합 연산

union 함수는 모든 집합의 요소를 합친다.

```
(clojure.set/union #{:r :b :w} #{:w :p :y})
;=> #{:y :r :w :b :p}
```

difference 함수는 빼기와 거의 같다. 이 함수는 하나의 집합에서 다른 집합들의 원소를 빼낸다.

```
(clojure.set/difference #{:r :b :w} #{:w :p :y})
;=> #{:r :b}
```

intersection 함수는 집합들 사이에서 공통인 요소를 반환한다.

```
(clojure.set/intersection #{:r :b :w} #{:w :p :y})
;=> #{:w}
```

set 함수를 이용해 다른 종류의 컬렉션을 집합으로 바꿀 수 있다. 그래서 벡터같은 컬렉션에 set 연산을 사용하면 (중복된 값을 제거하는 데) 유용하다. 맵 또한 집합으로 바뀔 수 있다. 이때 키-값 쌍은 벡터로 바뀐 후 집합의 요소가 된다.

```
(set [:rabbit :rabbit :watch :door])
;=> #{:door :watch :rabbit}

(set {:a 1 :b 2 :c 3})
;=> #{[:c 3] [:b 2] [:a 1]}
```

집합에서 요소를 가져오려면 get 함수를 사용하면 된다. 만약 찾으려는 요소가 키워드라면 바로 그 키워드로 직접 접근할 수 있는데, 이것은 맵에서 키 자체를 함수로 사용하는 것과 같다[4].

『이상한 나라의 앨리스』에서 앨리스가 본 모든 것의 집합에서 토끼를 찾는다고 해 보자.

```
(get #{:rabbit :door :watch} :rabbit)
;=> :rabbit

(get #{:rabbit :door :watch} :jar)
;=> nil
```

키워드를 사용해서 직접 가져올 수도 있다.

```
(:rabbit #{:rabbit :door :watch})
;=> :rabbit
```

집합 자체를 함수로 사용해서 같은 일을 할 수 있다.

```
(#{:rabbit :door :watch} :rabbit)
;=> :rabbit
```

집합에 요소가 있는지 확인하기 위한 다른 방법으로 contains?가 있다.[5]

```
(contains? #{:rabbit :door :watch} :rabbit)
;=> true

(contains? #{:rabbit :door :watch} :jam)
;=> false
```

집합에 요소를 추가하기 위해 컬렉션 함수인 conj를 사용한다.

```
(conj #{:rabbit :door} :jam)
;=> #{:door :rabbit :jam}
```

---

4 (옮긴이) 집합은 키와 값이 같은 맵이라고 보면 된다.
5 (옮긴이) 집합 자체를 함수로 사용하는 경우 집합에 nil이 있을 때 문제가 된다(예: (#{1 nil} nil) ;=> nil). 이런 경우 contains?를 사용하면 된다(예: (contains? #{1 nil} nil) ;=> true).

disj 함수는 집합에서 요소들을 제거할 때 사용한다.

```
(disj #{:rabbit :door} :door)
;=> #{:rabbit}
```

와! 수고했다. 지금까지 컬렉션 데이터 구조를 통해서 클로저의 기본을
다루었다. 잠시 복습해 보자.

단순값과 컬렉션에 대한 요약

이제 클로저의 단순값을 알게 되었다.

- 문자열
- 정수
- 분수
- 실수
- 키워드
- 문자
- 불린

이런 단순값들은 함수나 식(expression)에서 사용될 수 있다. 클로저의
식에서는 연산자나 함수가 먼저 오고, 인수가 뒤따라온다.

이 단순값은 컬렉션에서도 사용할 수 있다.

- 리스트는 맨 앞에서부터 접근할 수 있는 데이터 컬렉션이다.
- 벡터는 임의의 위치로 접근할 수 있는 데이터 컬렉션이다.
- 맵은 키-값 쌍들로, 데이터를 구성하고 쉽게 접근하는 데 좋다.
- 집합은 유일한 요소들의 컬렉션으로, 집합 연산이 가능하다.

또한 컬렉션을 만드는 함수들과 수정하는(물론 불변적 방식으로) 함수
들, 그 컬렉션에서 데이터를 가져오기 위한 함수들을 알아보았다.

클로저의 리스트를 간단하게 살펴 보았다. 리스트에는 뭔가 특별한
것이 있다. 사실 리스트는 클로저에서 핵심적인 역할을 한다. 리스트가
특별한 이유를 알아보자.

리스트는 클로저의 핵심이다

클로저의 기본 데이터 구조인 리스트는 LISP 언어의 본질에서 유래한
다. 사실 LISP이라는 이름은 LISt Processing에서 온 것이다. 리스트는
핵심 데이터 구조이다.

　리스트를 다시 보자.

```
'("marmalade-jar" "empty-jar" "pickle-jam-jar")
```

이 코드에서 맨 앞에 붙은 인용 기호가 리스트를 만드는 역할을 한다.
이 인용 기호는 왜 필요할까? 그 이유는 LISP에서는 식(expression)의
첫 요소를 연산자나 함수로 인식하기 때문이다. 그다음 요소들은 모두
연산자나 함수를 위한 인수로 인식된다.

　만약 인용 기호가 없다면 어떻게 될까?

```
("marmalade-jar" "empty-jar" "pickle-jam-jar")
;=> ClassCastException java.lang.String cannot be cast to clojure.lang.IFn
```

에러 메시지가 우리에게 알려주는 것은 문자열이 리스트의 첫 요소로
있어서 함수로 인식하여 호출하려고 했다는 것이다. 하지만 문자열은
함수가 아니다.

　그러면 우리가 앞에서 다루었던 덧셈 연산식 앞에 인용 기호를 붙이
면 어떻게 될까?

```
'(+ 1 1)
;=> (+ 1 1)
```

REPL에서 평가해 보면 숫자 2가 아니라 식을 반환한다. 클로저는 이것
을 세 개의 요소를 갖는 리스트로 인식한다.

- 첫째 요소는 연산자이다.
- 둘째 요소는 정수 1이다.
- 셋째 요소는 정수 1이다.

우리는 이것을 단지 리스트로 취급하여 첫 요소를 가져올 수 있다.

```
(first '(+ 1 1))
;=> +
```

이 모든 것들로부터 우리는 중요한 것을 발견할 수 있다: 코드가 데이터로 취급될 수 있다는 것이다!

　모든 클로저 코드는 데이터의 리스트로 구성되어 있다.

　이런 단순성이 클로저의 중심이다. 단순성이야말로 클로저를 우아하면서도 강력하게 만든다.

　자, 이제 다음 단계로 갈 준비가 되었다. 지금까지 반복해서 같은 코드를 타이핑했다. 실제로 클로저 프로그래머들은 다른 언어에서 변수를 사용하듯이 심볼을 사용해서 데이터를 표현한다. 그 사용법을 배우면 삶이 훨씬 편해질 것이다.

심볼과 바인딩의 기술

클로저 심볼은 값을 가리킨다. 심볼이 평가되면 그 심볼이 가리키는 값을 반환한다. 그래서 다음과 같은 특정 벡터를 반복해서 타이핑하는 대신

```
[1 2 3 4]
```

임의의 심볼을 이 벡터에 배정할 수 있다. 그러면 그 심볼을 평가해서 값을 얻을 수 있다.

　실제 심볼을 사용하는 예제를 보는 것이 더 이해하기 쉬우니 def로 심볼을 만들어보자.

　def는 값에 이름을 줘서 나중에 다른 곳에서 그 값을 참조할 수 있게 한다. def는 심볼에 값을 직접 바인딩하지 않고 var를 통해서 한다(그 이유는 지금 당장은 중요하지 않다). var는 다른 언어들에서의 변수와 같지는 않은데, 프로그램이 수행되면서 그 값이 변하지 않기 때문이다. 클로저에는 시간에 따라 변하는 것을 다루는 강력한 도구들이 있는데, 이것은 3장에서 논의할 것이다.

문자열 "Alice"에 이름을 주자.

```
(def developer "Alice")
;=> #'user/developer
```

def가 무엇을 했을까? def는 REPL의 디폴트 이름공간(이름공간에 대해서는 잠시 후에 알아볼 것이다)인 user에 심볼인 developer를 위한 var 객체를 만들었다. 이제 REPL에서 developer를 평가하면, "Alice"로 평가된다. 심볼 앞에 슬래시(/)를 붙여서 이름공간을 지정할 수도 있다. 하지만 현재는 그럴 필요가 없다. REPL이 기본적으로 user 이름공간에서 시작되었기 때문이다.

```
developer
;=> "Alice"

user/developer
;=> "Alice"
```

 이름공간이 붙은 var는 여타 다른 프로그래밍 언어에서와는 확연히 다르게 보일 것이다. 사람의 성명이 성과 이름으로 나뉘어 있어서 이름이 같아도 성으로 구분할 수 있는 것처럼, var도 이름공간을 그렇게 사용한다. var의 완전한 이름은 이름공간 다음에 슬래쉬가 붙고 그다음에 var의 이름이 오는 것이다.

```
user/developer
```

위 코드 user/developer에서, user는 이름공간이고 developer는 var의 이름이다. 만약 현재의 이름공간이 var의 이름공간과 같다면 짧게 developer만 사용할 수 있다. 하지만 이름공간을 포함하는 전체 이름은 이름공간이 같든 다르든 항상 사용할 수 있다.

이것은 대단한 것이다. 이제 우리는 값 대신에 짧은 심볼을 만들고 나중에 참조할 수 있게 되었다. 더는 그 값을 반복해서 입력해 넣을 필요가 없다.

하지만 두 가지 문제가 있다. 첫째는 모든 값에 대해 전역적인 var를 만들고 싶지 않다는 것이다. 둘째는 임시의 var를 만들고 싶은 경우이

다. 이러한 예로, 특정 계산을 위해 developer라는 이름을 또 다른 var에
설정하고 싶지만 기존 값은 바꾸고 싶지 않는 경우를 들 수 있다.

답은 let을 사용하는 것이다.

let을 사용하면 let 영역 안에서만 사용되는 심볼에 값을 바인딩할
수 있다. 이것은 클로저에서 정말로 기본적이고 유용한 것이다. let에
서 심볼 developer의 바인딩을 "Alice in Wonderland"로 바꾸면 어떻
게 되는지 보자.

```
(def developer "Alice")
;=> #'user/developer

(let [developer "Alice in Wonderland"]
  developer)
;=> "Alice in Wonderland"

developer
;=> "Alice"
```

let 바인딩은 벡터 안에 심볼과 값의 쌍들로 구성된다. 이것은 코드가
데이터로 사용될 때의 강력함을 보여주는 또 다른 예이다. 사실 우리가
배우는 거의 모든 것이 클로저의 단순한 구조 위에서 만들어졌다.

let 안에서 일어나는 일은 let 안에서만 유효하다는 사실을 기억하
자. 그래서 만약 let 안에서 바인딩한 심볼을 let 바깥에서 참조하게 되
면 에러가 발생한다.

```
(let [developer "Alice in Wonderland"
      rabbit "White Rabbit"]
  [developer rabbit])
;=> ["Alice in Wonderland" "White Rabbit"]

rabbit
;=> CompilerException java.lang.RuntimeException:
;   Unable to resolve symbol: rabbit in this context
```

 let 안에서 일어나는 일은 let 안에서만 유효하다는 사실을 기억하자.

아주 좋다! 심볼과 바인딩으로 다음과 같은 일을 할 수 있다.

- 전역 var를 만들기 위해 def를 사용한다
- 지역 바인딩을 만들기 위해 let을 사용한다

이제 데이터를 만들어 보았으니 함수를 만들어 보자. 코드가 데이터이기 때문에 이 과정은 아주 비슷하다.

함수 만들기

함수 만들기는 클로저 프로그램의 가장 일반적이고 중요한 부분 중 하나이다. 우리는 함수를 만들고 그것에 심볼을 할당하고 나중에 그 함수를 호출할 수 있다. 클로저는 함수형 언어이므로 함수는 언어의 기본 특성 중 하나이다. 지금까지는 언어의 내장 함수만 사용했지만, 이제 직접 함수를 만들어 보자!

먼저 defn으로 함수를 어떻게 만드는지 보자.

defn은 def와 아주 비슷하지만, 함수를 위한 var를 만든다. defn은 함수 이름, 함수 인수들의 벡터, 함수 본문을 인수로 받는다. 함수를 호출하려면 함수를 괄호로 둘러싸서 사용하면 된다. 함수를 호출하면 클로저는 그 함수를 평가한 후 결과를 반환한다.

빈 벡터를 이용하면 함수를 인수 없이 정의할 수도 있다. 다음은 인수를 넣지 않아도 "Off we go!"를 반환한다.

```
(defn follow-the-rabbit [] "Off we go!")
;=> #'user/follow-the-rabbit

(follow-the-rabbit)
;=> "Off we go!"
```

함수는 인수를 받을 수도 있다. 다음 함수는 인수로 두 개의 잼을 받고 그 잼들을 포함하는 맵을 반환한다.

```
(defn shop-for-jams [jam1 jam2]
  {:name "jam-basket"
   :jam1 jam1
   :jam2 jam2})
;=> #'user/shop-for-jams
```

```
(shop-for-jams "strawberry" "marmalade")
;=> {:name "jam-basket", :jam1 "strawberry", :jam2 "marmalade"}
```

가끔 함수에 이름을 붙이지 않고 간단히 사용하고 싶은 경우가 있다. 이런 함수를 무명 함수(anonymous function)[6]라고 한다. 클로저에서 무명 함수는 fn 연산자로 만든다. fn은 인수들의 벡터와 함수 본문을 받는다. 무명 함수도 역시 괄호로 함수를 둘러싸서 호출하면 된다.

```
;; 함수를 반환한다
(fn [] (str "Off we go" "!"))
;=> #object[user$eval790$fn__791 0x75ce0179 "user$eval790$fn__791@75ce0179"]

;; 괄호로 감싸서 호출한다
((fn [] (str "Off we go" "!")))
;=> "Off we go!"
```

사실 defn은 def로 무명 함수에 이름을 바인딩하는 것과 동일하다.

```
(def follow-again (fn [] (str "Off we go" "!")))
;=> #'user/follow-again

(follow-again)
;=> "Off we go!"
```

무명 함수를 만드는 단축형도 있다. 괄호 앞에 #를 붙이면 된다.

```
(#(str "Off we go" "!"))
;=> "Off we go!"
```

만약 인수가 하나 있다면, 퍼센트 기호(%)로 나타낼 수 있다.

```
(#(str "Off we go" "!" " - " %) "again")
;=> "Off we go! - again"
```

만약 인수가 여러 개라면 퍼센트 기호에 숫자를 붙여 표시한다(예: %1, %2).

```
(#(str "Off we go" "!" " - " %1 %2) "again" "?")
;=> "Off we go! - again?"
```

이제 모든 종류의 심볼을 만들 수 있게 되었다. 이 심볼들을 어떻게 관

---

6   (옮긴이) 또는 익명 함수라고 부르기도 한다.

리할 수 있을까? 객체지향 언어에서는 비슷한 함수들을 묶어서 담는 객체를 사용한다. 클로저는 이름공간이라는 다른 방식을 사용한다.

이름공간에서 심볼을 관리하기

이름공간은 var에 대한 접근을 조직하고 제어하는 방법이다. def와 defn으로 var를 만들 때 user라는 REPL의 디폴트 이름공간에서 var를 생성하는 것을 보았다. ns를 사용하면 이름공간을 새로 만들고 그 이름 공간으로 전환할 수 있다. 이제 생성되는 모든 var는 이 이름공간에서 생성된다.

앨리스가 좋아하는 음식들을 위한 이름공간을 새로 만들어보자. 이것을 alice.favfoods라고 하자.

```
(ns alice.favfoods)
;=> nil
```

이 시점에서, REPL의 현재 이름공간은 REPL이 시작될 때의 디폴트 이름공간에서 우리가 새롭게 정의한 alice.favfoods로 바뀌었다. 이것은 *ns*[7]가 반환하는 값을 보면 확인할 수 있다. ns 양옆에 붙인 별표를 '귀마개'라고 부르는데, 다시 바인딩(rebinding)할 수 있는 것을 표시하는 관례이다.

```
*ns*
;=> #object[clojure.lang.Namespace 0x356680cb "alice.favfoods"]
```

여기서 var를 정의하면, 그 var는 직접 접근할 수 있다.

```
(def fav-food "strawberry jam")
;=> #'alice.favfoods/fav-food

fav-food
;=> "strawberry jam"
```

물론 이름공간을 포함하는 완전한 이름인 alice.favfoods/fav-food로도 접근할 수 있다.

---

7 (옮긴이) 현재의 이름 공간을 나타낸다.

```
alice.favfoods/fav-food
;=> "strawberry jam"
```

다른 이름공간으로 전환하면 그 심볼은 더 이상 참조되지 않는다.

```
(ns rabbit.favfoods)
;=> nil

fav-food
;=> CompilerException java.lang.RuntimeException:
;    Unable to resolve symbol: fav-food in this context
```

전환한 다른 이름공간에서는 그 심볼을 다른 값을 지정하는 var로 정의
할 수 있다.

```
(ns rabbit.favfoods)

(def fav-food "lettuce soup")
;=> #'rabbit.favfoods/fav-food

fav-food
;=> "lettuce soup"
```

이제 앨리스가 좋아하는 음식을 참조하기 위해서는 완전한 이름을 사용
해야 한다.

```
alice.favfoods/fav-food
;=> "strawberry jam"
```

클로저 라이브러리들은 이름공간과 그 이름공간의 심볼들로 구성된
다. require를 사용해서 자신의 이름공간에서 라이브러리를 사용할
수 있는 세 가지 방법이 있다. 첫 번째 방법은 이름공간을 인수로 받아
require를 사용하는 것이다. 그러면 라이브러리가 로딩되고 완전한 이
름으로 접근할 수 있다. 앞에서 set 함수를 사용했을 때 완전한 이름을
사용해야 했다. clojure.set/union의 예를 보자.

```
;; 합집합 구하기
(clojure.set/union #{:r :b :w} #{:w :p :y})
;=> #{:y :r :w :b :p}
```

clojure.set 이름공간은 REPL이 시작될 때 로딩된다. 그렇지 않은 경우
라면 require를 사용해서 그 작업을 직접 할 수 있다.

```
(require 'clojure.set)
```

두 번째 방법은 :as를 사용해서 require의 별칭(alias) 기능을 이용하는 것이다. 그러면 심볼 이름 앞에 원래의 이름공간 대신 별칭을 붙여서 심볼에 접근할 수 있다.

```
(ns wonderland)
;=> nil

;; 별칭 사용하기
(require '[alice.favfoods :as af])
;=> nil

af/fav-food
;=> "strawberry jam"
```

require를 직접 사용할 수 있지만, 보통은 ns 안에서 키워드와 벡터의 형태로 사용한다.

```
(ns wonderland
  (:require [alice.favfoods :as af]))

af/fav-food
;=> "strawberry jam"
```

마지막으로 require를 이름공간, :refer, :all 옵션과 함께 사용할 수 있다. 그러면 그 이름공간의 모든 심볼이 로딩되고 현재의 이름공간에서 심볼 이름만으로 직접 접근할 수 있다. 이것은 이름 충돌이 발생할 수 있어서 약간 위험하다. 그리고 또 코드를 읽을 때 함수가 어느 라이브러리에 속하는지를 알아내기가 어렵다. 서로 다른 이름공간에서 각각 정의된 fav-food 심볼을 참조하려고 하면 어떻게 될까?

```
(ns wonderland
  (:require [alice.favfoods :refer :all]
            [rabbit.favfoods :refer :all]))
;=> IllegalStateException fav-food already refers to:
;   #'alice.favfoods/fav-food in namespace: wonderland
```

대부분의 클로저 코드는 require로 라이브러리를 사용하고 :as로 별칭을 지정한다. 예외가 될 수 있는 것이 테스트 코드를 작성할 때인데, 이럴 때는 테스트하려는 이름공간과 clojure.test의 함수들을 직접 사용

하는 것이 일반적이다. use 함수는 require를 :refer :all과 함께 쓰는
것과 같다. use를 사용할 수도 있지만 require를 :refer :all과 함께 쓰
는 것이 더 좋다.

지금까지 배운 것을 요약해 보자!

- 데이터 컬렉션을 만들고 조작할 수 있다.
- 함수를 만들 수 있다.
- 심볼을 만들 수 있다.
- 이름공간으로 코드를 관리할 수 있다.

연습하기에 좋은 예제가 있다. 토끼가 좋아하는 음식과 앨리스가 좋아
하는 음식을 입력으로 받아, 둘이 모두 좋아하는 음식을 반환하는 함수
를 만들어 보자. 여기서 이름공간과 심볼을 사용한다.

```
(ns wonderland
  (:require [clojure.set :as s])) ; ❶

(defn common-fav-foods [foods1 foods2]
  (let [food-set1 (set foods1) ; ❷
        food-set2 (set foods2) ; ❸
        common-foods (s/intersection food-set1 food-set2)] ; ❹
    (str "Common Foods: " common-foods)))

(common-fav-foods [:jam :brownies :toast]
                  [:lettuce :carrots :jam])
;=> "Common Foods: #{:jam}"
```

❶ clojure.set 이름공간을 불러들이고 s라는 별칭을 만들어 사용한다.

❷ food1의 집합은 food-set1 심볼에 바인딩된다.

❸ food2의 집합은 food-set2 심볼에 바인딩된다.

❹ clojure.set 이름공간의 intersection 함수와 심볼 food-set1,
food-set2를 사용한다.

이제 클로저를 이해하는 여정에 들어섰다. 클로저 코드를 단순하고 아
름다운 식(expression)으로 구성할 수 있게 되었다. 정수와 문자열 같
은 단순값이나 맵과 벡터 같은 클로저 컬렉션으로 식을 만들 수 있게 되
었다. def와 defn으로 전역 심볼을 만들고, let으로 지역 심볼을 만들었

다. 그리고 이름공간으로 이러한 심볼들을 관리할 수 있게 되었다. 마지막으로 코드가 데이터로 사용되는 클로저의 진정한 본성을 알았다. 기본을 갖추었으니 다음 장에서 제어문과 함수형 변환에 대해 알아보자.

2장

제어문과 함수형 변환

1장에서 클로저의 구조에 대해 알아보았다. 이제 컬렉션을 만들고 조작할 수 있게 되었다. 이번 장에서는 클로저 코드를 제어하는 법을 알아볼 것이다. 우선 논리적 흐름을 제어하는 방법을 배우는데, 진위 검사에서 시작하여 몇 가지 기본적인 제어 구문까지 다룰 것이다. 그러면서 함수를 만드는 몇 가지 유용한 함수들에 대해서도 알아볼 것이다. 그리고 구조분해(destructuring)에 대해 다룰 것이다. 구조분해는 컬렉션의 요소 중에 관심의 대상인 요소를 뽑아내어 이름을 부여하는 방법인데 그 요소들의 가독성을 좋게 한다.

그 후에 클로저의 지연(lazy) 평가에 대해 알아볼 것이다. 지연 평가는 강력해서 무한 리스트를 다루는 것이 가능하다. 여기서 알아야 할 중요한 개념이 재귀(recursion)이다. 재귀를 사용하다 보면 클로저의 구조와 함수형 프로그래밍이 코드를 아름답게 변환하는 데 얼마나 적합한지 알게 된다. 마지막으로 데이터를 함수형 방식으로 변환하는 데 필요한, 몇 가지 기본적인 데이터 조작 함수들에 대해 알아볼 것이다.

이 장에서는 새로운 내용이 많이 나오는데, 한 번에 이해되지 않는다고 낙담하지 말자. 일단은 예제를 쭉 훑어보자. 2부에서 실습할 때 충분히 이해하게 될 것이다.

깊이 들어가기 전에 몇 가지 용어에 대해서 말해 둘 것이 있다. 이 책에서는 때로는 식(expression)이라는 용어도 사용하고, 때로는 형식(form)이라는 용어도 사용한다. 이 두 용어의 정확한 의미는 무엇인가? 같은 것인가? 사실 이들은 많이 다르다. 정확한 의미에 대해서는 논쟁이 있다. 하지만 이 책에서는 식은 평가될 수 있는 코드를 말하고, 형식은 평가될 수 있는 적법한 식을 말한다. 형식은 적법하게 문법을 준수한다는 점에서 식과는 다르다. 예를 들어 보자.

다음은 식이다.

```
(first [1 2 4])
;=> 1
```

다음은 문법에 맞고 에러가 없으므로 형식이다.

```
(first [:a :b :c])
;=> :a
```

하지만 다음은 문법에 맞지 않기 때문에 형식이 아니다. first 함수에는 인수가 있어야 한다.

```
(first)
;=> ArityException
```

식이라는 용어가 일반적으로 더 많이 쓰이고 있다. 어쨌든 이러한 구분을 알아두면 좋지만, 한 용어가 다른 용어보다 많이 쓰이는 것에 대해 그리 신경 쓰지 말자. 식이라 하든 형식이라 하든 일반적으로는 결과를 내기 위해 실행할 수 있는 코드를 말한다.[1]

이제 데이터의 흐름을 제어하는 코드를 살펴보자.

논리에 따라 흐름 제어하기

데이터의 흐름을 제어하려면 논리 연산이 필요하다. 클로저에는 불린(Boolean) 데이터 타입이 있다는 것을 앞에서 보았다.

---

1 (옮긴이) 엄밀하게는 형식이라는 용어를 써야 하지만, 이 책에서는 식이라는 용어를 형식의 의미로 사용하는 경우가 많다.

- true

- false

클로저의 class라는 함수로 위 값들의 클래스를 확인해 보면, 실제로는 단지 자바의 java.lang.Boolean이라는 것을 알게 된다.

```
(class true)
;=> java.lang.Boolean
```

클로저에서 참인 것들을 어떻게 나타내는지 알아보자.

어떤 것이 불린 true 값인 것을 어떻게 알 수 있을까? 바로 이에 해당하는 함수가 있다. 그 함수는 true? 이다. 함수의 결과가 불린인 경우 클로저에서는 함수 이름 맨 끝에 물음표를 붙이는 것이 관례이다.

true?를 사용해 보자.

```
(true? true)
;=> true

(true? false)
;=> false
```

어떤 것이 불린 false 값인 것을 어떻게 알 수 있을까? false? 함수가 있을 것이라고 추측했다면, 맞다.

```
(false? false)
;=> true

(false? true)
;=> false
```

검사해볼 만한 다른 것은 무엇이 있을까? 예를 들어, 어떤 것이 없다는 것을 검사하려면 어떻게 해야 할까? 클로저에서는 값이 없다는 것을 nil로 표현한다. nil? 함수를 사용하면 값이 없음을 검사할 수 있다.

```
(nil? nil)
;=> true

(nil? 1)
;=> false
```

예상한 대로 결과가 나왔다. 그러면 부정(negation)은 어떻게 표현할까? 즉, 어떤 것의 반대를 어떻게 검사할까? not 함수가 바로 그런 일을 한다. not 함수는 인수가 논리적 거짓이면 true를 반환하고, 그렇지 않으면 false를 반환한다.

```
(not true)
;=> false

(not false)
;=> true
```

여기서 재미있는 점이 하나 있다. nil은 논리 검사에서 거짓으로 취급된다. 그래서 nil의 부정은 true이다.

```
(not nil)
;=> true
```

자바를 많이 사용했다면 놀랄지도 모르겠다. 이것에 익숙해지려면 "nil은 논리적 거짓이다"라고 세 번 반복해 말해보면 좋을 것이다.

---

 nil은 논리적으로 거짓임을 기억하자. [2]

마찬가지로 문자열이나 정수 같은 논리적 참인 값들을 주면 not 함수는 false를 반환한다.

```
(not "hi")
;=> false
```

비교는 어떻게 하는지 궁금할 것이다. 값들이 서로 같은지 아닌지 검사하는 방법을 살펴보자.

어떤 것이 다른 것과 같은지 어떻게 알 수 있을까? 등호 기호(=)를 사용하면 된다. = 함수는 두 인수의 값이 같으면 true를 반환한다. 이것은 자바의 equals 메서드와 같다.

『이상한 나라의 앨리스』 이야기로 예제 코드를 만들어 보자. 앨리스

---

2   (옮긴이) nil과 false만 논리적 거짓이고, 나머지는 모두 논리적 참이라고 기억하는 것이 더 좋겠다.

는 지금 무엇을 할까? 마지막으로 든 예에서 앨리스는 토끼굴로 떨어졌다. 이제 그녀는 "날 마셔요(drinkme)"라는 라벨이 붙은 병을 마셔야 할지 말아야 할지 고민하고 있다.

이 병들의 라벨 두 개가 같은지 검사해 보자.

```
(= :drinkme :drinkme)
;=> true
```

물론 같지 않으면 false이다.

```
(= :drinkme 4)
;=> false
```

컬렉션의 동등 비교는 조금 다르다.

```
(= '(:drinkme :bottle) [:drinkme :bottle])
;=> true
```

(not (= x y)) 표현은 약간 번거로우니 단축형인 not=을 쓰면 편하다.

```
(not= :drinkme :4)
;=> true
```

이제 기본적인 논리 검사를 어떻게 하는지 알게 되었다. 더 진행하기 전에 잠깐 정리해 보자.

- true?는 true 값인지 검사한다.
- false?는 false 값인지 검사한다.
- nil은 논리적 거짓으로 취급된다.
- nil은 논리적 거짓으로 취급된다(강조를 위해 일부러 반복했다 - nil 과 false만 논리적 거짓으로 취급된다).
- nil?은 값이 없음을 검사한다.
- not은 값의 부정을 반환한다.
- =은 동등임을 검사한다.
- not=은 동등이 아님을 검사한다.

이제 기본적인 준비가 되었으니 다른 종류의 논리 검사에 대해서도 알아보자.

컬렉션들에 대한 검사는 어떻게 하는지 알아보자. 예를 들어 벡터가 비어 있는지 어떻게 알 수 있는가? 컬렉션에 특화된 검사 함수들이 있는데, 그중 유용한 몇 개를 우선 보게 될 것이다. 그리고 클로저에서 사용하는 몇 가지 중요한 추상(abstraction)에 대해 언급할 것이다.

컬렉션에 사용하는 논리 검사

벡터가 비었는지를 어떻게 알 수 있을까? 그 답은 아주 간단하다. 바로 empty? 함수이다. empty?를 사용하면 벡터와 리스트, 맵, 집합이 비었는지 확인할 수 있다.

토끼굴의 바닥에 도달했을 때 앨리스가 본 것들로 예제를 만들어 보자.

```
(empty? [:table :door :key])
;=> false

(empty? [])
;=> true

(empty? {})
;=> true

(empty? '())
;=> true
```

empty? 함수의 실제 정의를 보면 컬렉션에 not과 seq를 사용한 것을 알수 있다.

```
(defn empty? [coll]
  (not (seq coll)))
```

여기서 seq는 무슨 일을 할까? 이것을 이해하기 위해서 잠시 추상(abstraction)[3]이 무엇인지 생각해 보자. 클로저에는 컬렉션 추상과 시퀀스 추상이 있다. 컬렉션은 벡터, 리스트, 맵처럼 단순히 요소를 모아

---

3   (옮긴이) 여기에서 추상은 인터페이스(interface)를 의미한다.

놓은 것이다. 컬렉션은 clojure.lang.IPersistentCollection 인터페이스를 구현한 (즉, 컬렉션 추상을 구현한) 존속적이고 불변적인 자료구조를 말한다. 이를 통해 컬렉션들은 count, conj, seq와 같은 함수들을 공유한다. seq 함수는 컬렉션을 시퀀스[4]로 바꾸어 준다. 시퀀스 추상은 컬렉션을 리스트처럼 순차적으로 다룰 수 있게 해준다. 시퀀스들도 존속적이고 불변이며 first, rest, cons 함수를 공유한다. seq 함수는 컬렉션을 받아서 시퀀스를 반환하는데, 빈 컬렉션이면 nil을 반환한다.

```
(seq [1 2 3])
;=> (1 2 3)

(class [1 2 3])
;=> clojure.lang.PersistentVector

(class (seq [1 2 3]))
;=> clojure.lang.PersistentVector$ChunkedSeq

(seq [])
;=> nil
```

클로저에서 컬렉션을 처리하는 많은 함수들이 내부적으로 seq 함수를 사용하기 때문에 편한 경우가 많다. 예를 들어, first 함수가 벡터에 대해서 동작할 때가 그렇다. 벡터는 컬렉션이기 때문에 (시퀀스를 대상으로 하는 함수인) first를 적용하기 위해서는 벡터를 시퀀스로 바꿔 주어야 한다. 하지만 컬렉션에 seq 함수를 호출할 필요가 없는데, first 함수의 내부에서 사용자 대신 seq를 호출하고 있기 때문이다. 컬렉션이 비어 있는지 확인하는 경우는 상황이 좀 달라진다. 비어 있는지를 확인하기 위해 empty? 함수를 사용하지만, 비어 있지 않은 지를 확인하기 위해서는 (empty? 함수가 내부적으로 seq 함수를 사용하기 때문에) (not (empty? x))보다는 seq 함수를 바로 사용하는 것이 관용적이다.

```
(empty? [])
;=> true

;; 비어 있지 않은 것을 확인하려면 seq를 쓰자
(seq [])
;=> nil
```

---

4 (옮긴이) 시퀀스는 시퀀스 추상을 구현한 것이다.

비어 있지 않음을 검사하기 위해 (not (empty? x)) 대신 seq를 사용해야 함
을 기억하자. 이것은 nil이 검사에서 논리적 거짓으로 취급되는 반면, [1 3 4]와
같은 nil이 아닌 값들은 논리적 참으로 취급되기 때문이다.

다시 컬렉션 검사로 돌아가서 컬렉션의 모든 요소에 대한 검사 결과가
참인지 확인하려면 어떻게 할까? every? 함수가 바로 그런 일을 한다.
이 함수는 인수로 진위 함수(predicate)와 컬렉션을 받는다. 진위 함수
가 모든 요소에 대해 참으로 평가하면 true를, 아니면 false를 반환한다.

```
(every? odd? [1 3 5])
;=> true

(every? odd? [1 2 3 4 5])
;=> false
```

 잠깐, 진위 함수란 무엇인가? 진위 함수는 논리 검사의 결과값을 반환하는 함수
이다.

컬렉션을 검사할 때 진위 함수는 컬렉션으로부터 요소를 하나씩 인수로
받는다. "날 마셔요(drinkme)" 라는 라벨이 붙어 있는 병이 마실 수 있
는 것인지 아닌지 확인하는 진위 함수를 직접 만들어 보자. 진위 함수의
이름을 지을 때는 끝에 물음표를 붙이는 것이 좋다. 클로저에서는 함수
가 불린을 반환할 때 물음표를 사용하는 것이 관례이다.

```
(defn drinkable? [x]
  (= x :drinkme))
;=> #'user/drinkable?

(every? drinkable? [:drinkme :drinkme])
;=> true

(every? drinkable? [:drinkme :poison])
;=> false
```

무명 함수를 사용할 수도 있다.

```
(every? (fn [x] (= x :drinkme)) [:drinkme :drinkme])
;=> true
```

1장에서 배운 무명 함수의 단축형을 사용해 보자.

```
(every? #(= % :drinkme) [:drinkme :drinkme])
;=> true
```

컬렉션의 모든 요소에 대한 검사 결과가 참인 것을 어떻게 검사하는지 보았다. 그러면 반대의 경우는 어떻게 할까? 모든 요소가 거짓인 것을 어떻게 알 수 있을까?

not-any? 함수는 진위 함수와 컬렉션을 받고, 만약 컬렉션의 요소가 하나라도 참이면 false를 반환한다.

```
(not-any? #(= % :drinkme) [:drinkme :poison])
;=> false

(not-any? #(= % :drinkme) [:poison :poison])
;=> true
```

every?와 not-any? 함수를 알아보았다. 중요한 함수가 하나 더 있다. 요소 중 일부(some)라도 검사를 통과하는지 알고 싶다면 어떻게 할까?

some도 역시 진위 함수와 컬렉션을 받지만 약간 다르게 동작한다. some은 진위 함수가 평가한 값이 처음으로 논리적 참일 때 그 평가한 값을 반환하고 아니면 nil을 반환한다. 다음 예제는 요소 중 3보다 큰 요소를 만나면 true를 반환한다.

```
(some #(> % 3) [1 2 3 4 5])
;=> true
```

시퀀스에 요소가 들어 있는지 확인할 때, 집합을 진위 함수로 사용하면 매우 편리하다. 진위 함수가 반환한 값이 nil이나 false가 아니면 논리적으로 참으로 취급된다는 것을 기억하자. 또한 집합은 요소의 존재 여부를 확인하는 함수로 사용될 수 있다는 것을 주목하자.

```
(#{1 2 3 4 5} 3)
;=> 3
```

그래서 some 함수는 집합을 진위 함수로 사용할 수 있는데, 집합에 있는 요소와 처음으로 일치하는 시퀀스 요소를 반환한다.

```
(some #{3} [1 2 3 4 5])
;=> 3

(some #{4 5} [1 2 3 4 5])
;=> 4
```

하지만 논리적 거짓인 값에 대해서는 조심하자.

```
(some #{nil} [nil nil nil])
;=> nil

(some #{false} [false false false])
;=> nil
```

휴! 기본적인 논리 검사와 더불어 컬렉션을 대상으로 논리 검사를 하는 방법도 알게 되었다.

정리해보면 다음과 같다.

- empty?로 컬렉션이 비었는지 검사한다.
- seq로 컬렉션이 비어있지 않은지 검사한다.
- every?로 요소 전체에 대한 검사가 참인지 검사한다.
- not-any?로 요소 전체에 대한 검사가 거짓인지 검사한다.
- some으로 요소 중 일부에 대한 검사가 참인지 검사한다.

흐름 제어 이용하기

지금까지 논리 검사를 하는 법을 배웠으니 이제 제어 구조를 알아볼 차례이다. 가장 많이 쓰이는 if와 when에 대해서 다루고, 그리고 이에 짝이 되는 if-let과 when-let을 다룰 것이다. 이후에 더 많은 경우의 수를 다루는 cond와 case도 배울 것이다. 우선 먼저 if가 중요하다.

if는 세 개의 인수를 받는다. 첫 인수는 논리 검사식이다. 검사식의 결과가 참이면 두 번째 인수를 평가하고, 아니면 세 번째 인수를 평가한다.

```
(if true "it is true" "it is false")
;=> "it is true"

(if false "it is true" "it is false")
;=> "it is false"
```

```
(if nil "it is true" "it is false")
;=> "it is false"

(if (= :drinkme :drinkme)
  "Try it"
  "Don't try it")
;=> "Try it"
```

let과 if를 결합한 좋은 식이 있다. 이것은 검사는 하고 싶지만 그 결과를 나중에 사용하고 싶을 때 쓴다.

if-let은 식을 평가한 결과를 심볼에 바인딩한 후 만약 그 결과가 논리적 참이면 첫 번째 인수를 평가하고, 아니면 마지막 인수를 평가한다. 이것은 let을 쓰고 다음에 if를 쓰는 것보다 더 간결한 방식이다. 이렇게 하면 검사식의 결과를 심볼에 바인딩할 때 아주 유용하다.

```
(let [need-to-grow-small (> 5 3)]
  (if need-to-grow-small
    "drink bottle"
    "don't drink bottle"))
;=> "drink bottle"

;; 아래 예제는 if를 사용해도 되지만, 설명을 위해 일부러 만든 것이다.
(if-let [need-to-grow-small (> 5 1)]
  "drink bottle"
  "don't drink bottle")
;=> "drink bottle"
```

논리 검사 결과에 따라 참과 거짓 모두의 경우를 처리할 때는 if를 사용한다. if를 써서 참일 때는 어떤 일을 하고, 아니면 다른 일을 할 수 있다. 하지만 참과 거짓의 두 가지 경우를 모두 처리할 필요가 없을 때는 어떨까? 검사가 참일 때만 처리하고 거짓일 때는 처리하지 않고자 한다면 when을 쓰면 된다.

when은 진위 함수의 결과가 참이면 본문을 평가한다. 참이 아니면 nil을 반환한다. 이것은 어떤 키나 플래그가 존재할 때만 식을 평가하려고 할 때 유용하다. 앨리스가 작아지고 싶을 때 병을 마시는 함수를 만들어 보자.

```
(defn drink [need-to-grow-small]
  (when need-to-grow-small "drink bottle"))
```

```
(drink true)
;=> "drink bottle"

(drink false)
;=> nil
```

if에 if-let이 있듯이 when에도 when-let이 있다.

when-let도 if-let과 비슷하다. 논리 검사 결과를 심볼에 바인딩하고, 그 결과가 참이면 본문의 식을 평가하고 아니면 nil을 반환한다. 다음 예제에서는 true 값을 need-to-grow-small에 바인딩했다. 그래서 "drink bottle" 값이 반환된다.

```
(when-let [need-to-grow-small true]
  "drink bottle")
;=> "drink bottle"
```

다음 예제에서 need-to-grow-small은 false 값으로 바인딩된다. 거짓이므로 "drink bottle" 값을 반환하지 않고 nil을 반환한다.

```
(when-let [need-to-grow-small false]
  "drink bottle")
;=> nil
```

이제 if와 when으로 코드의 흐름을 제어할 수 있게 되었다. 하지만 여러 가지를 한 번에 테스트하고 싶다면? if를 겹쳐서 쓸 수도 있겠지만 그러면 금방 코드가 지저분해진다. 조건식을 여러 개 쓰고 싶을 때는 cond를 쓰는 것이 좋다.

cond 식은 검사식과 그 검사식이 참일 때 평가될 식의 쌍들을 받는다. 이것은 다른 언어의 if/else if 식과 비슷하다.

```
(let [bottle "drinkme"]
  (cond
    (= bottle "poison") "don't touch"
    (= bottle "drinkme") "grow smaller"
    (= bottle "empty") "all gone"))
;=> "grow smaller"
```

cond의 절에서는 한 검사가 참이면 해당 식이 평가되고 나머지 절들은 무시되기 때문에 검사의 순서가 중요하다.

```
(let [x 5]
  (cond
    (> x 10) "bigger than 10"
    (> x 4) "bigger than 4"
    (> x 3) "bigger than 3"))
;=> "bigger than 4"
```

다시 한 번 말하지만 순서가 중요하다. "bigger than 3" 절을 맨 위로 옮기면 어떻게 되는지 보자. 처음 참이 되는 절의 평가 결과가 반환되고 그 이후의 나머지 절들은 무시된다.

```
(let [x 5]
  (cond
    (> x 3) "bigger than 3"
    (> x 10) "bigger than 10"
    (> x 4) "bigger than 4"))
;=> "bigger than 3"
```

어떤 검사식도 참이 아니라면 nil을 반환한다.

```
(let [x 1]
  (cond
    (> x 10) "bigger than 10"
    (> x 4) "bigger than 4"
    (> x 3) "bigger than 3"))
;=> nil
```

디폴트 절을 추가하고 싶으면 맨 마지막 검사식 자리에 :else 키워드를 넣는다. cond를 디폴트 절과 함께 쓰면 다른 언어에서 if/else if/else 방식을 쓰는 것과 같다.

```
(let [bottle "mystery"]
  (cond
    (= bottle "poison") "don't touch"
    (= bottle "drinkme") "grow smaller"
    (= bottle "empty") "all gone"
    :else "unknown"))
;=> "unknown"
```

꼭 :else 키워드를 사용해야 하는 것은 아니다. :else가 논리적 참으로 평가되기 때문에 쓴 것일 뿐이다. "default"같은 문자열처럼 참으로 평가되는 어떤 값도 쓸 수 있다.

```
(let [bottle "mystery"]
  (cond
    (= bottle "poison") "don't touch"
    (= bottle "drinkme") "grow smaller"
    (= bottle "empty") "all gone"
    "default" "unknown"))
;=> "unknown"
```

cond의 검사식이 (앞의 예제처럼) 같은 심볼을 반복해서 검사한다면 좀 더 간결한 식을 사용할 수 있다.

검사할 심볼이 같고 그 값을 =로 비교할 수 있는 경우에는 cond 대신 단축형인 case를 사용할 수 있다.

```
(let [bottle "drinkme"]
  (case bottle
    "poison" "don't touch"
    "drinkme" "grow smaller"
    "empty" "all gone"))
```

하지만 만약 참인 경우가 없으면 case는 cond와는 다르게 동작한다. 참이 없는 경우에 nil을 반환하는 cond와는 달리 case는 참인 절이 없다는 예외를 던진다.

```
(let [bottle "mystery"]
  (case bottle
    "poison" "don't touch"
    "drinkme" "grow smaller"
    "empty" "all gone"))
;=> IllegalArgumentException No matching clause: mystery
```

case에 기본값을 제공하려면 맨 마지막에 하나의 식을 주면 되는데, 참인 경우가 하나도 없을 때 이 식이 평가된다.

```
(let [bottle "mystery"]
  (case bottle
    "poison" "don't touch"
    "drinkme" "grow smaller"
    "empty" "all gone"
    "unknown"))
;=> "unknown"
```

이제 검사식과 제어문으로 코드를 완전히 다룰 수 있게 되었다. 여기서 한번 정리하고 넘어가자.

- 분기문으로 if를 사용한다.
- 검사가 참일 때의 식을 평가하기 위해서 when을 사용한다.
- 여러 조건을 검사하기 위해 cond를 사용한다.
- cond에서 동일 값을 검사할 때는 단축형인 case를 사용한다.

진도를 나가기 전에 함수를 만드는 몇 가지 유용한 식을 살펴보자. 이것은 두 개의 함수를 하나로 합치거나 혹은 함수를 부분적으로 적용한 새로운 함수를 만들고 나중에 사용할 때 편리하다. 지금까지는 defn과 fn, 그리고 #()으로 함수를 만들어 보았다. 이제 이들 이외에 함수를 만드는 함수들에 대해 더 알아보자.

함수를 만드는 함수

함수가 두 개의 인수를 받는데 그중 하나의 값만 알고 있다고 가정하자. 그런데 지금은 그 함수에 인수 전체가 아니라 일부만이라도 적용하고 싶다. 그 후 나머지 인수를 얻게 되었을 때 마저 적용하면 된다. 이 경우 partial 함수를 사용하면 된다.

partial은 클로저에서 커링(currying)을 하는 방법이다. 커링은 다중 인수를 갖는 함수를 여러 개의 단일 인수 함수들로 연결(chain)하는 방식으로 변환하는 기법을 말한다.

 커링은 인수를 부분적으로 적용해서 새로운 함수를 만드는 방법을 말한다.

앨리스 이야기로 예제를 만들어 보자. 두 개의 인수를 받는 grow 함수가 있다. 인수 중 하나는 사람의 이름이고, 다른 하나는 커지는지 작아지는지를 표시한다. 이런 경우 str 함수로 커지는지 작아지는지 나타내는 문장을 만들어 반환한다.

```
(defn grow [name direction]
  (if (= direction :small)
    (str name " is growing smaller")
    (str name " is growing bigger")))
;=> #'user/grow
```

```
(grow "Alice" :small)
;=> "Alice is growing smaller"

(grow "Alice" :big)
;=> "Alice is growing bigger"
```

grow 함수의 두 개의 인수 중에서 하나는 사람 이름인 "Alice"로 고정하고 단지 방향만을 인수로 받는 함수로 바꿀 수 있다.

```
(partial grow "Alice")
;=> #object[clojure.core$partial$fn__4755 0x494069fd
            "clojure.core$partial$fn__4755@494069fd"]

((partial grow "Alice") :small)
;=> "Alice is growing smaller"
```

partial은 강력하지만 약간 다른 방법이 필요할 때도 있다. 여러 함수를 하나의 함수로 합성하고 싶을 때가 있는데, 이럴 때는 comp 함수를 쓴다.

comp는 여러 함수들을 합성해서 하나의 새로운 함수를 만든다. comp는 임의 개수의 함수를 인수로 받아 하나의 합성 함수를 반환하는데, 이 합성 함수는 인수로 받은 함수들을 오른쪽부터 왼쪽으로 실행한다. 예제에서 합성 함수를 만드는 과정을 보자. 먼저 커졌다 작아졌다 하는 함수를 만들어보자.

```
(defn toggle-grow [direction]
  (if (= direction :small) :big :small))
;=> #'user/toggle-grow

(toggle-grow :big)
;=> :small

(toggle-grow :small)
;=> :big
```

이번에는 커질 것인지 작아질 것인지를 나타내는 문자열을 반환하는 함수를 만들어보자.

```
(defn oh-my [direction]
  (str "Oh My! You are growing " direction))
;=> #'user/oh-my
```

앨리스가 작아졌다가 커지고 나서 "오 이런!(Oh My!)"이라고 말하려면, 앞의 함수들을 차례로 호출하면 된다.

```
(oh-my (toggle-grow :small))
;=> "Oh My! You are growing :big"
```

comp 함수로 두 함수를 합성해서 하나의 함수로 만들 수 있다.

```
(defn surprise [direction]
  ((comp oh-my toggle-grow) direction))

(surprise :small)
;=> "Oh My! You are growing :big"
```

partial과 comp 함수는 우아하고 간결한 코드를 만드는 데 매우 유용하다. 이제 우리는 함수를 만드는 함수들을 추가로 알게 되었다.

이제 잠시 쉴 시간이다. 연습을 좀 해보고 싶다면 다음의 partial 예제를 보면 되고, 아니라면 호흡을 가다듬고 천천히 다음 준비를 하자.

```
(defn adder [x y]
  (+ x y))
;=> #'user/adder

(adder 3 4)
;=> 7

(def adder-5 (partial adder 5))
;=> #'user/adder-5

(adder-5 10)
;=> 15
```

코드를 변환하는 다른 방법이 있다. 이 방법은 코드를 분해해 심볼에 바인딩(binding)해서 더 이해하기 쉽게 만든다. 이것을 구조분해(destructuring)라고 한다.

구조분해

구조분해는 벡터와 맵 같은 컬렉션에서 특정 요소들에 이름을 붙인다. let과 벡터를 이용해서 구조분해를 하는 예제를 보자. 여기서 벡터는 앨리스가 정원으로 가면서 봤던 문에 대한 벡터이다.

```
(let [[color size] ["blue" "small"]]
  (str "The " color " door is " size))
;=> "The blue door is small"
```

이 코드에서 무슨 일이 일어났을까? let 안에 있는 문자열 벡터를 보자.

```
["blue" "small"]
```

color와 size 심볼에 값이 할당되었다. 구조분해는 바인딩 식(binding expression)[5]에서 심볼들의 위치에 따라서 어떤 값을 어떤 심볼에 바인딩할지를 결정한다.

　여기서 구조분해는 벡터의 첫 요소를 color 심볼에 바인딩한다. 그리고 그다음 요소를 size 심볼에 바인딩한다.

```
[[color size]]
```

구조분해 없이 똑같은 일을 하려면 다음과 같이 한다.

```
(let [x ["blue" "small"]
      color (first x)
      size (last x)]
  (str "The " color " door is " size))
;=> "The blue door is small"
```

구조분해를 사용하지 않으면 코드가 장황해진다. 벡터 구조분해를 사용하면 순차적인 자료구조를 분해할 때 더 간결하고 읽기 쉬우면서도 우아한 코드를 만들 수 있다. 구조분해는 중첩된 경우도 아주 쉽게 처리한다.

```
(let [[color [size]] ["blue" ["very small"]]]
  (str "The " color " door is " size))
;=> "The blue door is very small"
```

구조분해를 통해 원하는 값을 심볼로 바인딩하는 동시에, 처음 자료구조 전체를 얻고 싶다면 어떻게 해야 할까? 이럴 때 :as 키워드를 사용한다.

5　(옮긴이) 예제에서 [[color size] ["blue" "small"]]을 의미한다.

```
(let [[color [size] :as original] ["blue" ["small"]]]
  {:color color :size size :original original})
;=> {:color "blue", :size "small", :original ["blue" ["small"]]}
```

구조분해는 맵에도 적용할 수 있다. let에서 맵의 키에 대응되는 값을 심볼에 바인딩할 수 있다. 정원에서 앨리스가 보았던 꽃들로 맵 구조분해의 예제를 만들어보자.

```
(let [{flower1 :flower1 flower2 :flower2}
      {:flower1 "red" :flower2 "blue"}]
  (str "The flowers are " flower1 " and " flower2))
;=> "The flowers are red and blue"
```

:or을 쓰면 맵에 해당 요소가 없을 때를 위한 디폴트 값을 설정할 수 있다.

```
(let [{flower1 :flower1 flower2 :flower2 :or {flower2 "missing"}}
      {:flower1 "red"}]
  (str "The flowers are " flower1 " and " flower2))
;=> "The flowers are red and missing"
```

처음 자료구조 전체를 다 얻으려면 맵에서도 마찬가지로 :as를 쓴다.

```
(let [{flower1 :flower1 :as all-flowers}
      {:flower1 "red"}]
  [flower1 all-flowers])
;=> ["red" {:flower1 "red"}]
```

보통 심볼 이름을 키의 이름과 같게 하므로 :keys라는 지시어를 사용해서 간결하게 표현할 수 있다. :keys 다음에는 심볼들의 벡터가 온다. 맵에서 각 심볼과 같은 이름의 키에 대응되는 값이 그 심볼에 바인딩된다. 이 형태는 구조분해의 가장 흔한 방식이기 때문에 클로저 코드에서 많이 볼 수 있을 것이다.

```
(let [{:keys [flower1 flower2]}
      {:flower1 "red" :flower2 "blue"}]
  (str "The flowers are " flower1 " and " flower2))
;=> "The flowers are red and blue"
```

defn으로 함수를 정의할 때도 함수의 인수에 대해서 구조분해를 적용할 수 있다. 구조분해는 들어오는 자료구조의 요소를 함수 인수에 바인딩할 뿐만 아니라, 그 자료구조가 어떤 형태인지 보여준다는 점에서 유용하다. 맵의 꽃 색깔로 문자열을 만드는 다음 예제를 보자.

```
(defn flower-colors [colors]
  (str "The flowers are "
       (:flower1 colors)
       " and "
       (:flower2 colors)))

(flower-colors {:flower1 "red" :flower2 "blue"})
;=> "The flowers are red and blue"
```

확실히 여기서는 함수의 본문을 읽어야 colors 인수가 :flower1과 :flower2를 키로 갖는 맵이라는 것을 알 수 있다. 하지만 함수의 인수 colors를 구조분해로 바꾸면, 함수 인수가 맵이라는 사실을 함수 선언부만 봐도 명확히 알 수 있다. 또한 함수 본문의 let 안에서 바인딩할 필요가 없어서 코드가 더 간결해진다.

```
(defn flower-colors [{:keys [flower1 flower2]}]
  (str "The flowers are " flower1 " and " flower2))

(flower-colors {:flower1 "red" :flower2 "blue"})
;=> "The flowers are red and blue"
```

이제 구조분해를 사용하면 코드가 더 이해하기 쉬워진다는 것을 알게 되었다. 다음은 지연 평가의 힘을 유용하게 사용하는 법을 배울 것이다.

여기서 말하는 지연(laziness)은 아주 안락한 의자에 앉았을 때 느끼는 느긋함의 효과와 비슷하다. 이것은 즉시 평가하지 않아서 생기는 힘이다. 무한 리스트같이 위압적인 것을 만나기 전까지는 지연의 장점을 모를 수 있다. 이때 클로저가 그 특별한 힘을 발휘한다.

지연의 힘

클로저는 보통의 컬렉션 이외에 무한 리스트도 다룰 수 있다! 믿기 어렵겠지만 사실이다. 0 이상의 정수 중에서 처음의 다섯 개를 뽑아보자.

```
(take 5 (range))
;=> (0 1 2 3 4)
```

```
(take 10 (range))
;=> (0 1 2 3 4 5 6 7 8 9)
```

이것은 지연 시퀀스라는 것을 이용한다. range 함수가 지연 시퀀스를
반환한다. range 함수에 인수 하나를 주면 범위의 끝을 지정할 수 있다.

```
(range 5)
;=> (0 1 2 3 4)
```
```
(class (range 5))
;=> clojure.lang.LongRange
```

끝을 지정하지 않으면 기본은 무한이다. 무한 시퀀스를 다룰 때는 조심
해야 한다. 예를 들어 REPL에서 다음 식을 평가하면 크래시(crash)가
발생한다.

```
;; 이 코드를 평가하지 마라. 평가하면 크래시가 발생한다.
(range)
```

왜 이것이 문제일까? REPL에 무한 시퀀스를 평가하라고 요구하면, 지연
된 부분이 계속 없어지면서 끝없이 결과를 만들기 때문이다. 무한을 모
두 다 평가하려고 하면 우리의 강력한 REPL도 당연히 처리할 수 없다.

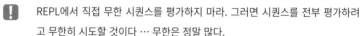 REPL에서 직접 무한 시퀀스를 평가하지 마라. 그러면 시퀀스를 전부 평가하려
고 무한히 시도할 것이다 … 무한은 정말 많다.

take는 이러한 지연 시퀀스를 안전하게 처리하기 위해 어떤 일을 할까?
전체 무한 시퀀스를 평가해서 결과를 만들어 내는 대신 요구하는 개수
만큼만 평가한다.

```
(take 10 (range))
;=> (0 1 2 3 4 5 6 7 8 9)
```

심지어 1,000이나 100,000을 요구하더라도 그것은 무한보다는 지극히
작다.

```
(count (take 1000 (range)))
;=> 1000
```

```
(count (take 100000 (range)))
;=> 100000
```

지연 시퀀스를 만드는 다른 여러 가지 방법이 있는데, 마찬가지로 무한 시퀀스를 만들어낸다. repeat는 반복된 요소로 된 무한 시퀀스를 만든다. range처럼 반복할 횟수를 인수로 받으며, 반환하는 값도 마찬가지로 지연 시퀀스이다.

```
(repeat 3 "rabbit")
;=> ("rabbit" "rabbit" "rabbit")

(class (repeat 3 "rabbit"))
;=> clojure.lang.Repeat
```

range와 마찬가지로 끝을 지정하지 않으면 무한이 된다.

```
(take 5 (repeat "rabbit"))
;=> ("rabbit" "rabbit" "rabbit" "rabbit" "rabbit")

(count (take 5000 (repeat "rabbit")))
;=> 5000
```

난수로 이루어진 무한 시퀀스를 만들려면 어떻게 해야 할까? 0과 10 사이의 임의의 정수를 rand-int로 만들어 보자.

```
(rand-int 10)
;=> 3

(rand-int 10)
;=> 4
```

정수로 된 난수 시퀀스를 만들기 위해 repeat의 인수로 위 식을 사용하면 될까? 다섯 개의 요소를 가져오는 코드를 만들어보자.

```
(repeat 5 (rand-int 10))
;=> (7 7 7 7 7)
```

결과가 무작위가 아니다. 이런 경우에는 repeat가 아니라 repeatedly를 써야 한다. repeat는 같은 값을 반복해서 반환하는 반면 repeatedly는 인수로 받은 함수를 반복해서 실행한다. 그래서 매 요소를 요청할 때마다 시퀀스에 새로운 난수가 생성된다. 이렇게 하려면 코드를 살짝 고치

기만 하면 된다. repeatedly는 인수가 없는 함수를 받는데, 현재 (rand-int 10)은 정수를 반환하기 때문에 함수로 감쌀 필요가 있다. 이전에 보았던 무명 함수의 단축형을 사용하면 된다. 이 함수를 호출하면 난수가 반환된다.

```
#(rand-int 10)
;=> #object[user$eval721$fn__722 0x7c28b6d8 "user$eval721$fn__722@7c28b6d8"]

(#(rand-int 10))
;=> 3
```

자, 준비되었으니 repeatedly로 다시 만들어보자.

```
(repeatedly 5 #(rand-int 10))
;=> (1 5 8 4 3)
```

이제 난수의 무한 시퀀스를 만들었으니 일부를 뽑아보자.

```
(take 10 (repeatedly #(rand-int 10)))
;=> (9 9 5 8 3 1 0 9 3 2)
```

진도를 나가기 전에 무한 시퀀스를 만드는 방법을 하나 더 살펴보자. 바로 cycle 함수이다. 이 함수는 컬렉션을 인수로 받아서 그 컬렉션의 요소들이 무한히 반복되는 지연 시퀀스를 반환한다. cycle 함수를 쓸 때도 take 함수를 써서 조심해서 다루어야 한다. 그러지 않으면 지연 시퀀스의 무한 속성 때문에 REPL이 크래시된다.

```
(take 3 (cycle ["big" "small"]))
;=> ("big" "small" "big")

(take 6 (cycle ["big" "small"]))
;=> ("big" "small" "big" "small" "big" "small")
```

지금까지 take로 무한 지연 시퀀스를 다루어 보았다. 하지만 클로저의 다른 시퀀스 함수들도 지연 시퀀스를 대상으로 동작한다. rest 함수는 지연 시퀀스를 받으면 또 다른 지연 시퀀스를 반환한다.

```
(take 3 (rest (cycle ["big" "small"])))
;=> ("small" "big" "small")
```

우리는 방금 무한을 다루었다. 무슨 일이 일어났는지 잠깐 생각해 보자.

이러한 무한에 대한 지연뿐만 아니라 보통의 지연도 중요하다. 일반적이고 우아한 방식으로 코드를 작성할 뿐만 아니라 실제 처리할 필요가 있는 것만 사용하기 때문이다. 이것은 계산량이 많은 작업을 처리할 때나 데이터베이스에 요청하고 필요할 때 그 결과를 나누어서 받을 때 대단히 유용하다.

이제 다음 진도를 나갈 준비가 되었다면 재귀에 대해 알아보자.

재귀

재귀는 처음에는 마술처럼 보인다. 재귀 함수는 자기 자신을 호출하는 함수이다. 처음에는 이것이 아주 이상한 일을 하는 것처럼 보일 수도 있다. 하지만 재귀는 자료 구조를 순회하는 아주 우아한 방법이라는 것을 알게 될 것이다. 클로저와 같은 함수형 프로그래밍에서 재귀는 시퀀스를 순회하는 방법이다.

앨리스의 상태를 나타내는 형용사들로 된 벡터를 만들고, 이를 순회하며 변경하는 간단한 예제를 보자. 앨리스는 처음에는 보통 크기였다가, 아주 작아졌다가 다시 아주 커졌다. 불쌍한 앨리스는 커진 것이 너무 속상해서 엉엉 울면서 토끼가 남긴 부채로 부채질했다. 그랬더니 이번에는 부채질 때문에 크기가 줄어들어서 결국에는 자기 눈물 속을 헤엄치게 되었다.

입력값은 다음과 같다.

```
["normal" "too small" "too big" "swimming"]
```

함수의 출력값을 다음처럼 만들고 싶다.

```
["Alice is normal"
 "Alice is too small"
 "Alice is too big"
 "Alice is swimming"]
```

벡터의 각 요소에 대해서는 다음 함수로 변환한다.

```
#(str "Alice is " %)
```

재귀 함수로 앞의 출력값을 만들려면, 함수에 인수를 하나 더 추가하고
이 인수에 중간 연산 결과들을 계속 누적해서 최종적인 결과값을 만들
어갈 필요가 있다. 함수를 한 줄씩 살펴보자.

```
(def adjs ["normal"
           "too small"
           "too big"
           "is swimming"])

(defn alice-is [in out]
  (if (empty? in) ; ❶
    out ; ❷
    (alice-is ; ❸
      (rest in) ; ❹
      (conj out ; ❺
            (str "Alice is " (first in))))))

(alice-is adjs [])
;=> ["Alice is normal" "Alice is too small"
;    "Alice is too big" "Alice is swimming"]
```

위 코드는 어떻게 동작하는 것일까?

❶ 입력 벡터가 비었는지 검사한다.

❷ 비었으면 처리를 끝내고 결과를 반환한다.

❸ 비어 있지 않으면 입력을 다르게 하여 같은 함수를 계속 호출한다.

❹ 첫 번째 인수에 입력의 첫 요소를 제외한 나머지(rest)를 준다.

❺ 두 번째 인수에 입력의 첫 요소로 만든 문자열을 출력 벡터의 뒤에
    추가한다.

이 재귀 함수의 핵심은 first와 rest로 입력 벡터의 요소들을 순회하고,
conj로 출력 벡터를 만들어가며, 매 재귀 호출 시마다 인수에 새로운 값
을 다시 바인딩하고, 마지막으로는 종료 조건을 주는 것이다.

  이 예제의 재귀는 간단하지만, 클로저는 이런 일을 더 쉽게 할 수 있
도록 loop를 제공한다. 예제를 loop로 다시 작성해 보자.

```
(defn alice-is [input]
  (loop [in input ; ❶
         out []]
```

```
     (if (empty? in)
       out
       (recur (rest in) ; ❷
              (conj out (str "Alice is " (first in)))))))))

(alice-is adjs)
;=> ["Alice is normal"
;    "Alice is too small"
;    "Alice is too big"
;    "Alice is swimming"]
```

❶ recur는 재귀점(recursion point)인 loop의 시작으로 점프하는데, 인수에 새로운 값을 바인딩한다.

❷ loop에서는 함수 이름으로 호출하는 대신 recur를 사용한다.

loop/recur 구문으로 alice-is 함수가 더 좋아졌다. 왜냐하면 함수의 인수가 형용사들의 벡터 하나이기 때문이다. loop를 사용하지 않은 이전 예제에서는 빈 출력 벡터를 인수로 주어야 했지만 loop를 사용하면 이를 함수 안으로 숨길 수 있다.

 loop는 자신 안에 있는 코드를 반복해서 실행한다. 조건에 만족할 때까지 실행할 수도 있고 무한히 실행할 수도 있다.

recur를 사용하면 또 다른 장점이 있다. 재귀 호출 시 스택을 소모하지 않는다는 점이다. countdown이라는 간단한 예제를 살펴보자. 이 함수를 단순하게 정의하면 다음과 같다.

```
(defn countdown [n]
  (if (= n 0)
    n
    (countdown (- n 1))))

(countdown 3)
;=> 0

(countdown 100000)
;=> StackOverflowError
```

왜 스택오버플로우(StackOverflow)가 되었을까? 재귀 호출에서 함수를 호출할 때마다 새로운 스택 프레임(frame)이 스택 공간에 쌓이기 때문이다. 함수가 수행되기도 전에 프레임이 너무 많이 쌓여서 스택이 다 찬 것이다.

recur로 이 함수를 재작성하면 이번에는 결과를 반환한다.

```
(defn countdown [n]
  (if (= n 0)
    n
    (recur (- n 1))))

(countdown 100000)
;=> 0
```

recur는 클로저에서 스택 소모를 피하는 방법이다. recur는 '점프'할 재귀점을 정의하고 함수 인수에 새로운 값을 넣어 실행하여 매번 호출할 때 하나의 스택만 사용한다. 이 예제에서는 loop가 없어서, 재귀점은 함수 자체이다. 일반적으로 재귀 호출을 할 때는 recur를 사용하자.

클로저에서 재귀를 사용하는 방법을 살펴보았다. 재귀는 클로저의 기본 구성 요소이지만, 재귀를 기반으로 만든 유용한 함수들도 있다. recur보다는 이 함수들을 사용하는 것이 더 좋다. 클로저에서 가장 흔하게 사용되는 구문들은 컬렉션을 만들고 변환하는 것이다. 이런 함수들의 사용법을 익히게 되면, 함수형 프로그래밍에서 데이터를 다루는 방식을 알게 될 것이다. 이것은 입력 컬렉션을 새로운 자료구조로 바꾸는 변환과 관련이 있다. 부수 효과와 상태 변경이 없을 때 이러한 순수한 변환은 아름다운 빛을 발한다.

함수형 프로그래밍에서의 데이터 변환

컬렉션을 변환하는 두 가지 중요한 방법인 map과 reduce를 배울 것이다. 둘 다 컬렉션에 대해 동작하지만 그 결과의 형태는 아주 다르다. map의 결과 형태는 입력 컬렉션과 같다. 즉, 결과 컬렉션의 요소의 수가 입력 컬렉션과 같다. 이와 달리 reduce는 입력 컬렉션을 받아 다른 형태의 출력으로 바꿀 수 있다. reduce에서는 반환되는 컬렉션의 요소 갯수가 바뀔 수 있다. map과 reduce의 구현 소스를 보면, 기본적인 재귀를 사용해서 컬렉션의 요소를 처리하는 것을 알 수 있다. 이 함수들은 더 높은 수준의 추상이고, 컬렉션을 변환하는 아주 강력한 도구이다. 각각을 살펴보자.

궁극의 map

map은 인수로 함수와 컬렉션을 받는다. 인수로 주는 함수는 컬렉션의 요소를 입력값으로 받는다. map의 결과값은 입력 컬렉션의 각 요소에 이 함수가 적용된 새로운 컬렉션이다. 예제를 보면 무슨 말인지 쉽게 이해할 수 있을 것이다. 모험 중인 앨리스가 이번에는 웅덩이에 빠졌다. 웅덩이에는 다른 동물들도 빠져 있었다. 앨리스와 같이 수영하는 동물들로 구성된 벡터로 예제를 만들어 보자.

```
(def animals [:mouse :duck :dodo :lory :eaglet])
```

벡터가 키워드로 되어 있으니 키워드를 문자열로 변환하는 함수를 만들어 보자. 이런 일에는 str 함수가 적합하다.

```
(#(str %) :mouse)
;=> ":mouse"
```

마지막으로 map을 써서 이 변환 함수를 컬렉션의 모든 요소에 적용해 보자.

```
(map #(str %) animals)
;=> (":mouse" ":duck" ":dodo" ":lory" ":eaglet")
```

반환된 결과가 벡터가 아니라는 것을 알아챘는가?

```
(class (map #(str %) animals))
;=> clojure.lang.LazySeq
```

map 함수는 지연 시퀀스를 반환한다. 지연 시퀀스라는 것은 무한 시퀀스를 다룰 수 있음을 의미한다. 정수와 같은 무한 시퀀스를 map 함수로 처리할 때 어떻게 되는지 보자.

```
(take 3 (map #(str %) (range)))
;=> ("0" "1" "2")

(take 10 (map #(str %) (range)))
;=> ("0" "1" "2" "3" "4" "5" "6" "7" "8" "9")
```

지연 시퀀스와 재귀 덕분에 무한 시퀀스를 쉽게 처리할 수 있다! 잠시 멈춰서 이것이 얼마나 멋진 것인지 음미해보자.

지연은 조심해서 다룰 필요가 있다. 인수로 들어온 함수에 부수 효과가 있을 때는 이 점을 반드시 기억해야 한다. 부수 효과란 무엇인가? 순수 함수는 외부 세계와 어떠한 상호작용도 하지 않고, 입력이 같으면 항상 출력도 같은 함수이다. 순수 함수의 예로는 두 수를 더하는 함수가 있다. 부수 효과는 함수 내부에서 외부 세계에 어떤 식으로든 변화를 일으키는 것이다. 여기서 외부 세계의 변화란 콘솔에 출력하거나, 파일에 쓰거나, 혹은 상태를 바꾸는 것 등을 의미한다.

부수 효과를 지닌 함수와 지연이 결합되면 실제 실행이 될 때에야 부수 효과가 발생한다는 것을 분명히 알아둘 필요가 있다. 단지 map 함수를 호출하는 것만으로 지연 평가가 컬렉션의 모든 요소에 실행되지는 않는다. map 함수에서 부수 효과를 내는 println 함수를 사용하여 이 사실을 확인해 보자. println 함수는 nil을 반환한다.

```
(println "Look at the mouse!")
; Look at the mouse!
;=> nil
```

map에서 문자열을 바로 반환하는 대신 동물을 출력하고 이를 var에 바인딩한다면 어떻게 되는지 보자.

```
(def animal-print (map #(println %) animals))
;=> #'user/animal-print
```

출력되는 것이 하나도 없다. 이것은 시퀀스가 실제 사용될 때까지는 부수 효과가 생기지 않기 때문이다. 이것이 지연인 것이다. 우리가 실제로 값을 요구할 때에야 println의 출력값이 나타난다.

```
animal-print
```

```
; :mouse
; :duck
; :dodo
; :lory
; :eaglet
;=> (nil nil nil nil nil)
```

만약 부수 효과를 강제하고 싶다면 doall을 사용하면 된다.

```
(def animal-print (doall (map #(println %) animals)))
; :mouse
; :duck
; :dodo
; :lory
; :eaglet
;=> #'user/animal-print

animal-print
;=> (nil nil nil nil nil)
```

map은 인수로 컬렉션을 하나 이상 받을 수 있다. 컬렉션이 하나 이상이면 함수의 인수로 각각의 컬렉션의 요소들이 사용된다. 예를 들어 동물과 색깔을 두 인수로 받는 함수가 있다면 map은 다음과 같이 사용된다.

```
(def animals
  ["mouse" "duck" "dodo" "lory" "eaglet"])

(def colors
  ["brown" "black" "blue" "pink" "gold"])

(defn gen-animal-string [animal color]
  (str color "-" animal))

(map gen-animal-string animals colors)
;=> ("brown-mouse" "black-duck" "blue-dodo"
;    "pink-lory" "gold-eaglet")
```

map 함수는 가장 짧은 컬렉션이 끝날 때 종료된다. 만약 colors 컬렉션에 색깔이 두 개만 있고 animals 컬렉션에는 동물이 다섯 개가 있다면, 결과 컬렉션은 두 개의 요소만 가진다.

```
(def animals
  ["mouse" "duck" "dodo" "lory" "eaglet"])

(def colors
  ["brown" "black"])

(map gen-animal-string animals colors)
```

```
;=> ("brown-mouse" "black-duck")
```

map 함수는 가장 짧은 컬렉션에 맞춰 종료되기 때문에 무한 리스트를
사용할 수도 있다. cycle로 무한 색깔 리스트를 만들어 사용한 예제를
살펴보자.

```
(def animals
  ["mouse" "duck" "dodo" "lory" "eaglet"])

(map gen-animal-string animals (cycle ["brown" "black"]))
;=> ("brown-mouse" "black-duck" "brown-dodo"
;    "black-lory" "brown-eaglet")
```

map을 배웠으니 이제 클로저에서 가장 중요한 함수 중 하나인 reduce를
알아보자.

궁극의 reduce

reduce 함수는 클로저에서 가장 중요하고 기본적인 함수 중 하나이다.
map과 다른 점은 입력 컬렉션을 처리하면서 결과값의 형태를 바꿀 수
있다는 것이다. 이것을 보여주는 간단한 예제는 벡터 내의 숫자들을 더
하는 것이다.

```
(reduce + [1 2 3 4 5])
;=> 15
```

입력으로 벡터가 들어와서 출력으로는 정수 하나가 나왔다. reduce의
첫 번째 인수는 함수인데, 이 함수는 두 개의 인수를 받는다. 첫 번째 인
수는 누적된 결과이고, 두 번째 인수는 처리할 요소이다. 이제는 요소를
제곱하여 누적된 총합에 더해 보자. 예제에서 함수에 들어가는 초기값
으로 컬렉션의 첫 요소가 사용된다.

```
(reduce (fn [r x] (+ r (* x x))) [1 2 3])
;=> 14
```

이번에는 컬렉션의 첫 요소를 처리하기 전에 초기값을 미리 주고 입력
벡터를 다른 형태로 바꿔보자. 아래 예제에서는 동물들의 벡터를 nil이

없는 벡터로 변환한다.

```
(reduce (fn [r x] (if (nil? x) r (conj r x)))
        []
        [:mouse nil :duck nil nil :lory])
;=> [:mouse :duck :lory]
```

reduce는 map과 달리 무한 시퀀스(예: (range))를 다룰 수 없다. reduce 함수가 입력 컬렉션의 요소들이 모두 없어질 때까지 실행되기 때문이다. 무한 시퀀스의 끝까지 실행할 수는 없는 것이다.

map과 reduce는 클로저에서 데이터를 처리할 때 사용하는 기본적인 식이다. 이 함수들은 재귀를 사용하여 만들어진 것이다. 이제 컬렉션을 처리하는 또 다른 함수들을 볼 것이다. 그중 가장 유용한 몇 가지를 알아보자.

다른 유용한 데이터 처리 함수들

동물들의 벡터에서 nil을 제거해서 새로운 벡터로 바꾸는 것을 살펴보았다. 이러한 작업을 더 우아하게 해주는 filter가 있다. 이 함수는 인수로 진위 함수와 컬렉션을 받는다.

진위 함수는 complement 함수로 만들 것이다. complement는 함수를 인수로 받는데, 그 함수와 인수는 같지만 결과값이 반대인 함수를 반환한다.

```
((complement nil?) nil)
;=> false

((complement nil?) 1)
;=> true
```

이제 이 함수를 filter에서 사용해 보자.

```
(filter (complement nil?) [:mouse nil :duck nil])
;=> (:mouse :duck)
```

키워드(keyword)인지 물어보는 방식으로 위 예제를 더 분명하게 만들 수 있다.

```
(filter keyword? [:mouse nil :duck nil])
;=> (:mouse :duck)
```

remove 함수를 이용해 같은 일을 할 수 있다. 이 함수도 진위 함수와 컬렉션을 받는다. remove를 사용해서 마찬가지로 동물들의 벡터에서 nil 을 제거할 수 있다.

```
(remove nil? [:mouse nil :duck nil])
;=> (:mouse :duck)
```

for는 아주 유용하다. for는 처리하고자 하는 컬렉션의 요소를 심볼에 바인딩해서 본문(body)에서 처리한다. 다음 예제는 동물 벡터의 각 요소를 animal이라는 심볼에 바인딩해서 본문에서 처리한다. 결과는 동물 이름의 문자열로 된 지연 시퀀스이다. 여기에서는 키워드를 문자열로 바꾸는 name 함수를 사용한다.

```
(for [animal [:mouse :duck :lory]]
  (str (name animal)))
;=> ("mouse" "duck" "lory")
```

for 구문에서 사용되는 컬렉션이 하나 이상이면 컬렉션들을 중첩하여 순회한다. 그래서 순회할 벡터로 색깔 벡터를 추가하면, 결과는 색깔과 동물 이름이 결합된 리스트가 될 것이다.

```
(for [animal [:mouse :duck :lory]
      color  [:red :blue]]
  (str (name color) (name animal)))
;=> ("redmouse" "bluemouse"
;    "redduck" "blueduck"
;    "redlory" "bluelory")
```

for 구문에는 몇 가지 아주 좋은 수정자(modifier)를 쓸 수 있다. 그중 하나는 :let 수정자이다. 이것을 사용하면 for 구문에서 let 바인딩을 할 수 있다.

```
(for [animal [:mouse :duck :lory]
      color [:red :blue]
      :let [animal-str (str "animal-"(name animal))
            color-str (str "color-"(name color))
            display-str (str animal-str "-" color-str)]]
```

```
    display-str)
;=> ("animal-mouse-color-red" "animal-mouse-color-blue"
;    "animal-duck-color-red" "animal-duck-color-blue"
;    "animal-lory-color-red" "animal-lory-color-blue")
```

다른 수정자로는 :when이 있다. 이것을 사용하면 진위 함수가 참일 때
만 본문이 수행된다.

```
(for [animal [:mouse :duck :lory]
      color [:red :blue]
      :let [animal-str (str "animal-"(name animal))
            color-str (str "color-"(name color))
            display-str (str animal-str "-" color-str)]
      :when (= color :blue)]
  display-str)
;=> ("animal-mouse-color-blue"
;    "animal-duck-color-blue"
;    "animal-lory-color-blue")
```

flatten은 아주 편리하면서 간단한 함수이다. 이 함수는 중첩된 컬렉션
을 받아서 중첩을 제거한 하나의 시퀀스를 반환한다.

```
(flatten [[:duck [:mouse] [[:lory]]]])
;=> (:duck :mouse :lory)
```

자료 구조의 형식을 바꾸려면 어떻게 할까? 예를 들어 리스트가 있는데
벡터로 바꾸려면? 여기에는 두 가지 방식이 있다. 하나는 vec을 사용하
는 것이고 다른 하나는 into를 사용하는 것이다. into는 두 개의 컬렉션
을 받는데, 두 번째 컬렉션의 모든 요소를 conj 함수로 첫 번째 컬렉션
에 추가하여 반환한다.

```
(vec '(1 2 3))
;=> [1 2 3]

(into [] '(1 2 3))
;=> [1 2 3]
```

into는 맵을 정렬 맵(sorted map)으로 바꿀 때도 사용할 수 있다. 정렬
맵은 일반 맵과 같지만 요소들이 정렬되어 있다. 즉, 키-값 쌍들이 키에
따라 정렬되어 있다.

```
(sorted-map :b 2 :a 1 :z 3)
```

```
;=> {:a 1, :b 2, :z 3}
```

그래서 일반 맵을 정렬 맵으로 바꿀 수 있다.

```
(into (sorted-map) {:b 2 :c 3 :a 1})
;=> {:a 1, :b 2, :c 3}
```

또한 쌍들의 벡터를 맵으로 바꿀 수 있다.

```
(into {} [[:a 1] [:b 2] [:c 3]])
;=> {:a 1, :b 2, :c 3}
```

반대로 맵도 쌍들의 벡터로 바꿀 수 있다.

```
(into [] {:a 1, :b 2, :c 3})
;=> [[:a 1] [:b 2] [:c 3]]
```

클로저의 partition 함수는 컬렉션을 요소들의 묶음으로 나누는 데 유용하다. 예를 들어 컬렉션을 세 개씩 묶은 요소들의 리스트로 나누고 싶다면 다음과 같이 한다.

```
(partition 3 [1 2 3 4 5 6 7 8 9])
;=> ((1 2 3) (4 5 6) (7 8 9))
```

딱 세 개씩 나누어지지 않으면 어떻게 될까?

```
(partition 3 [1 2 3 4 5 6 7 8 9 10])
;=> ((1 2 3) (4 5 6) (7 8 9))
```

기본적으로 partition 함수는 마지막 묶음을 만들 때, 충분한 요소가 없으면 그 묶음은 버린다. 그래서 위 예제에서 숫자 10을 버린다. 이것이 원하는 것일 수도 있지만, 마지막에 남는 요소들도 묶고 싶은 경우에는 partition-all을 사용한다.

```
(partition-all 3 [1 2 3 4 5 6 7 8 9 10])
;=> ((1 2 3) (4 5 6) (7 8 9) (10))
```

partition-by라는 또 다른 함수가 있는데, 이 함수는 하나의 함수를 받아서 컬렉션의 모든 요소에 그 함수를 적용한다. 그래서 그 함수의 결과

값이 변할 때마다 새로운 묶음을 만들어낸다.

```
(partition-by #(= 6 %) [1 2 3 4 5 6 7 8 9 10])
;=> ((1 2 3 4 5) (6) (7 8 9 10))
```

지금까지 클로저를 간단하게 둘러보았다. 이제는 클로저 구문을 작성할 수도 있고 원하는 대로 조작할 수도 있게 되었다. 논리 검사로 코드의 흐름을 제어할 수도 있다. 재귀를 이용해 그 흐름을 자기 자신으로 되돌릴 수도 있다. 지연을 사용하여 필요한 만큼만 처리할 수도 있다. 마지막으로 함수형 변환이라는 아름다운 방식을 통해 자료구조를 만들 수 있다.

　지금까지의 내용은 소화하기에는 벅찬 양이었다. 이 모든 것이 아직 잘 이해되지 않는다고 걱정하지 말자. 클로저를 계속 공부하고, 또 2부에서 훈련 프로그램을 거치게 되면 이해하게 될 것이다. 다음 장에서 상태와 병행성을 관리하는 법에 대해 알아보자.

3장

L i v i n g   C l o j u r e

상태와 병행성

상태에 대해 생각해 보자.

지금까지 우리는 순수 함수형 방식을 사용했다. def와 defn에서 사용되는 var는 전역이고 그 값을 바꾸지 않았다. 그리고 let 형식 안의 바인딩은 그 안에서만 유효하였다. 이러한 함수형 방식은 아름다울 뿐만 아니라 더 깔끔하고 이해하기 쉬운 코드를 짤 수 있게 한다. 하지만 우리는 현실 세계를 다룰 필요가 있고 현실 세계에는 상태가 있다. 다행히도 클로저에는 이에 대한 해결책이 있다.

현실 세계의 상태와 병행성 다루기

상태는 난잡하다. 대부분의 객체 지향 언어에서는 상태가 코드 안에 마구 뒤엉키게 되어 상황을 파악하기가 정말 어려워진다. 만약 이런 복잡성을 감수하면서 병행(concurrency) 프로그래밍까지 같이 해야 한다면 재앙이 따로 없다. 클로저에는 이것을 해결하는 방법이 있다. 클로저의 병행성은 클로저의 핵심인 함수형 방식과 불변 자료 구조의 결합을 통해 자연스럽게 해결된다. 쉬운 아톰(atom)부터 알아보자.

독립적인 항목에 아톰 사용하기

아톰(atom)은 독립적인 항목의 상태를 저장하기 위해 고안되었다. 즉 다른 상태들의 변화와는 관계없이 아톰의 값을 바꿀 수 있다는 말이다.

앨리스는 지금 이상한 나라를 돌아다니다가 버섯 위에 앉아있는 이상한 애벌레(caterpillar)를 만났다. 그 애벌레는 굉장히 커 보였지만, 실은 앨리스가 작아진 것이다.

:caterpillar를 초기값으로 하는 who-atom이라는 이름의 아톰을 만들자. def와 atom 형식을 사용해 만들 수 있다. atom 형식은 새로운 아톰을 만들고 값을 그 아톰에 설정한다.

```
(def who-atom (atom :caterpillar))
```

REPL에서 아톰을 평가하면 아톰 그 자체를 돌려준다. 아톰의 현재값을 보고 싶으면 @을 앞에 붙여 역참조한다.

```
who-atom
;=> #object[clojure.lang.Atom 0x7127c804 {:status :ready, :val :caterpillar}]

@who-atom
;=> :caterpillar
```

아톰의 값을 바꾸는 방법이 몇 가지 있다. 아톰에서 값의 변경은 항상 동기적(synchronous)[1]이다. 값을 바꾸는 첫 번째 방법은 reset!을 사용하는 것이다. 이것은 단순히 현재 값을 새로운 값으로 바꾸고 그 값을 반환한다. 함수의 마지막에 느낌표가 붙은 것에 주목하자. 보통 클로저에서는 함수가 상태를 바꾼다는 것을 표시하기 위해 느낌표를 붙인다.

```
(reset! who-atom :chrysalis)
;=> :chrysalis

@who-atom
;=> :chrysalis
```

또 다른 방법은 swap!을 사용하는 것이다. swap! 형식은 아톰의 현재 값에 함수를 적용하여 그 결과를 아톰에 다시 설정한다. 다음 예제에서는

---

1 (옮긴이) 작업을 요청하면 그 작업이 끝날 때까지 기다린다는 의미이다.

:caterpillar로 값을 설정한, 처음의 who-atom 아톰을 다시 사용할 것이다. 그리고 아톰의 상태를 인수로 받는 함수를 정의한다. 이 함수는 애벌레가 나비가 되는 단계에 맞춰 상태를 바꿀 것이다. swap!을 호출하면, 아톰의 현재값에 함수를 적용하고, 그 함수의 결과값을 다시 아톰에 설정한다.

```
(def who-atom (atom :caterpillar))
```

아톰을 역참조해 보면 처음에 설정한 :carterpillar를 확인할 수 있다.

```
@who-atom
;=> :caterpillar
```

다음으로 change 함수를 정의하자. 이 함수는 아톰의 현재 상태를 입력받고 새로 변경된 값을 반환한다. 이 함수는 상태에 따른 분기를 위해 case를 사용한다. 상태가 :caterpillar(애벌레)면 :chrysalis(번데기)를 반환하고, :chrysalis이면 :butterfly(나비)를 반환한다. 그 외의 경우에는 :butterfly를 반환한다. case는 state 값과 첫 번째 항목을 비교해서, 같으면 두 번째 항목을 반환한다는 것을 기억하자.

```
(defn change [state]
  (case state
    :caterpillar :chrysalis
    :chrysalis :butterfly
    :butterfly))
```

다음으로 아톰과 change 함수를 인수로 하여 swap! 함수를 호출한다. 이때, change 함수는 아톰의 값을 인수로 받게 된다.

```
(swap! who-atom change)
;=> :chrysalis
```

아톰을 역참조해서 정말로 변경되었는지 확인해 보자.

```
@who-atom
;=> :chrysalis
```

정말로 변경되었다. swap! 함수를 다시 호출하면

```
(swap! who-atom change)
;=> :butterfly
```

이번에는 case에서 :chrysalis에 해당하기 때문에 새로운 값인 :butterfly
를 반환한다. 새로운 아톰 값을 확인해 보자.

```
@who-atom
;=> :butterfly
```

계속해서 한 번 더 해 보자.

```
(swap! who-atom change)
;=> :butterfly
```

이번에는 case에서 디폴트 값에 해당하는 :butterfly가 반환되어 그 값
으로 아톰이 변경된다. 나비 단계 이후로는 더 이상의 변화는 없다. 실
제로 아톰의 값을 확인해 보면 :butterfly인 것을 알 수 있다.

```
@who-atom
;=> :butterfly
```

swap!을 사용할 때 명심할 점은 사용하는 함수가 부수효과가 없어야 한
다는 것이다. 이것은 병행성과 관련이 있다. swap!은 아톰의 값을 읽고
그 값을 함수에 적용한 다음 함수의 결과값을 다시 아톰에 설정하기 전
에, 현재 아톰의 값이 다른 스레드에 의해 변경되지 않고 여전히 그대로
인지 확인한다. 만약 그동안 아톰 값이 바뀌어 있다면 swap!은 변경을
(처음부터) 재시도한다. 이것은 함수의 부수효과가 여러 번 실행될 수
있음을 의미한다.

   왜 swap!은 이렇게 동작할까? 수행하는 연산의 원자성을 보장하기 위
해서다. 그래서 다른 스레드는 변경 도중의 값을 볼 수 없다. 아톰을 역
참조할 때 우리는 항상 함수를 적용하기 이전이나 이후의 값만 본다. 또
한, 아톰을 역참조해도 결코 연산을 멈추게 하거나 방해하지 않는다는
것도 알아둘 필요가 있다.

   실제 예를 보자. 첫 번째 예제로 counter라는 아톰을 만들 것이다. 그

아톰에 초기값으로 0을 설정한다. 그리고 dotimes를 이용하여 counter
를 증가시키는 swap!을 여러 번 실행한다. dotimes는 부수효과를 위해
본문을 여러 번 실행한다.

```
(def counter (atom 0))

@counter
;=> 0

(dotimes [_ 5] (swap! counter inc)) ; ❶

@counter
;=> 5
```

❶ 여기에서 밑줄은 지역 심볼이지만 보통 본문 내에서 사용하지 않는
    다. 클로저에서는 인수가 사용되지 않는 것을 표시하기 위해 밑줄
    을 쓰는 것이 관례이다.

지금까지는 좋았다. 그러나 우리는 스레드를 하나만 사용했다. 스레드
를 병행하여 여러 개 사용하면 어떻게 될까? 우선 이런 일을 어떻게 할
수 있는지부터 알아보자. 클로저에서는 스레드를 직접 다룰 필요가 없
다. future를 이용하는 것이 방법 중 하나다. future 형식은 본문을 다
른 스레드에서 실행시킨다. 이제 같은 값을 병행적으로 증가시키는 세
개의 스레드를 만들어보자.

```
(def counter (atom 0))

@counter
;=> 0

(let [n 5]
  (future (dotimes [_ n] (swap! counter inc)))
  (future (dotimes [_ n] (swap! counter inc)))
  (future (dotimes [_ n] (swap! counter inc))))

@counter
;=> 15
```

swap!에서 사용하는 함수에 부수효과가 있으면 어떻게 될까? 값을 증가
시키기 전에 counter의 현재값을 출력하는 함수를 정의해 보자.

```clojure
(def counter (atom 0))

(defn inc-print [val]
  (println val)
  (inc val))

(swap! counter inc-print)
; 0
;=> 1
```

세 개의 스레드로 출력해 보면, swap!을 재시도해서 중복된 출력문이 생기는 것을 볼 수 있을 것이다. 그 이유는 한 스레드에서 값을 설정하기 전에 다른 스레드가 먼저 값을 변경하기 때문이다. 이번에는 각 스레드에서 다섯 번 증가시키는 대신 두 번만 증가시켜 보자.

```clojure
(def counter (atom 0))

(let [n 2]
  (future (dotimes [_ n] (swap! counter inc-print)))
  (future (dotimes [_ n] (swap! counter inc-print)))
  (future (dotimes [_ n] (swap! counter inc-print))))

; 0
; 1
; 2
; 2 ; ❶
; 3
; 4
; 5

@counter
;=> 6
```

❶ 와! 숫자 2가 두 번 출력되었다!

숫자 2가 두 번 출력된 이유는 swap!이 재시도를 했기 때문이다. 세 개의 스레드가 함께 진행되었음에도 값은 원자적(atomic)이면서도 무모순적(consistent)으로 증가한다. 멋지지 않은가! swap!에서 쓰이는 함수가 부수효과가 없어야 한다는 것만 기억하면 된다.

> ✅ 스레드가 어떻게 실행되는지에 따라 위의 코드는 각자의 컴퓨터에서 다르게 출력될 것이다.

상태를 독립적이면서 동기적으로 변경시키기 위해 아톰을 사용하는 것을 살펴보았다. 그런데 두 개 이상의 상태를 조화로운(coordinated) 방식으로 변경하려면 어떻게 해야 할까? 두 은행 계좌에서 돈을 이체하는 예를 생각해 보자. 이런 경우에 클로저에서는 ref를 사용한다. ref를 사용하면 이런 공유된 상태를 조화롭게 다룰 수 있다. ref는 트랜잭션(transaction)을 처리할 때 사용된다는 점에서 아톰과 다르다. 트랜잭션을 처리하기 위해 클로저에서는 소프트웨어 트랜잭션 메모리(STM: software transactional memory)라는 것을 사용한다. ref는 STM을 이용해서 상태를 조화롭게 변경한다.

조화로운 변경을 위해 ref 사용하기

트랜잭션 안에서 ref의 모든 동작은 다음과 같다.

원자적(atomic)이다

트랜잭션 안에서 변경은 모든 ref에 대해 발생한다. 하지만 무언가 잘못되면 어떤 ref도 변경되지 않는다.

무모순적(consistent)이다

트랜잭션을 완료하기 전에 값을 검사하는 검증 함수를 ref에 선택적으로 사용할 수 있다.

고립적(isolated)이다

트랜잭션은 세계를 바라볼 때 자신만의 시야를 통해 본다. 즉, 다른 트랜잭션이 동시에 실행되더라도 현재의 트랜잭션은 다른 트랜잭션에서 어떤 일이 일어나는지 알 수 없다.

이 내용이 익숙하게 들릴 수도 있겠다. 많은 데이터베이스에서 조화롭게 트랜잭션을 처리할 때 취하는 전략과 같다. 이것의 혜택은 병행성이다. 변경이 일어나는 동안 다른 스레드를 멈추고 기다리게 할 필요가 없다. 각 트랜잭션은 처리에 필요한 모든 정보를 자신만의 스냅샷 안에 갖고 있다.

『이상한 나라의 앨리스』에서 한 가지 예를 들어보자. 애벌레는 앨리스에게 버섯의 오른쪽 부분을 먹으면 커지고, 왼쪽 부분을 먹으면 작아질 거라고 말한다. 앨리스가 얼마나 커지고 작아질지는 어느 쪽 버섯을 얼마나 먹는지에 달려있다. ref 두 개를 써서 이것을 표현해 보자. 하나는 앨리스의 키(인치 단위)이고, 다른 하나는 오른쪽 부분을 먹은 횟수이다.

```
(def alice-height (ref 3))
(def right-hand-bites (ref 10))
```

아톰과 마찬가지로, 값을 구하려면 @을 앞에 붙여서 역참조한다.

```
@alice-height
;=> 3

@right-hand-bites
;=> 10
```

버섯의 오른쪽 부분을 한 번 먹을 때마다 앨리스의 키가 24인치씩 늘어나는 함수를 정의하자. alter 형식을 사용하는데, 이것은 ref와 그 ref의 현재값을 인수로 받는 함수를 받는다(아톰의 swap!과 아주 비슷하다).

```
(defn eat-from-right-hand []
  (when (pos? @right-hand-bites)
    (alter right-hand-bites dec)
    (alter alice-height #(+ % 24))))
```

이 함수를 평가하려고 하면 에러가 발생할 것이다.

```
(eat-from-right-hand)
;=> IllegalStateException No transaction running
```

에러를 없애려면 트랜잭션 내에서 변경해야 한다. 이를 위해 dosync 형식을 사용한다. dosync 형식은 내부의 모든 상태 변화를 조율하면서 트랜잭션을 처리한다.

```
(dosync (eat-from-right-hand))
;=> 27

@alice-height
;=> 27
```

```
@right-hand-bites
;=> 9
```

dosync 트랜잭션을 eat-from-right-hand 함수의 안쪽으로 옮기자. 또한
이 함수를 두 번씩 호출하는 스레드를 세 개 만들어서 병행성을 테스트
해 보자.

```
(def alice-height (ref 3)) ; ❶
(def right-hand-bites (ref 10))

(defn eat-from-right-hand []
  (dosync (when (pos? @right-hand-bites) ; ❷
            (alter right-hand-bites dec) ; ❸
            (alter alice-height #(+ % 24)))))
(let [n 2]
  (future (dotimes [_ n] (eat-from-right-hand))) ; ❹
  (future (dotimes [_ n] (eat-from-right-hand)))
  (future (dotimes [_ n] (eat-from-right-hand))))

@alice-height ; ❺
;=> 147

@right-hand-bites ; ❻
;=> 4
```

❶ alice-height와 right-hand-bites의 두 ref를 만든다.
   각각은 초기값을 갖고 있다.

❷ 두 ref의 값을 바꾸기 위해 dosync로 감싼다.

❸ 여기에서는 트랜잭션 안에서 두 ref의 값을 바꾸고 있다.

❹ 변경을 테스트하기 위해 future 함수로 여러 스레드를 생성한다.
   각 스레드는 두 번씩 함수를 호출한다.

❺ 모든 스레드가 병행적으로 실행되어도 앨리스의 마지막 키는 기대
   했던 값과 정확히 일치한다.

❻ 이때, 마지막에 남아있는 right-hand-bites의 값도 마찬가지로 정
   확히 일치한다.

와! 보았는가? 병행적이면서도 조화로운 변경이 바로 이루어졌다. 은행
애플리케이션과 같은 실제 상황에서 입금과 출금을 동시에 여러 번 처
리하면서 은행 잔고가 엉망이 될까봐 걱정할 필요가 없어졌다.

swap!이 그랬던 것처럼 alter에 쓰이는 함수도 반드시 부수효과가 없어야 한다. 이유는 마찬가지로 재시도가 있을 수 있기 때문이다.

alter 대신 사용할 수 있는 commute라는 함수가 있다. 이 함수도 alter 처럼 반드시 트랜잭션 안에서 호출해야 하고, 인수로 ref와 함수를 받는다. alter와 다른 점은 commute는 트랜잭션 동안 재시도를 하지 않는다는 것이다. 재시도하지 않는 대신, 트랜잭션에서 최종적으로 커밋(commit)할 때 트랜잭션 내부의 별도의 값으로 ref 값을 설정한다. 이런 특징은 속도를 빠르게 하고 재시도를 막는다는 점에서 매우 좋다. 반면 commute를 적용할 함수는 반드시 가환적(commutative)(즉, 더하기처럼 연산 순서에 따라 결과가 바뀌지 않는다)이거나 마지막 스레드의 결과를 사용하는 성질이 있어야 한다. alter대신 commute로 바꾼 예제를 보자.

```
(def alice-height (ref 3))
(def right-hand-bites (ref 10))

(defn eat-from-right-hand []
  (dosync (when (pos? @right-hand-bites)
            (commute right-hand-bites dec) ; ❶
            (commute alice-height #(+ % 24)))))

(let [n 2]
  (future (dotimes [_ n] (eat-from-right-hand)))
  (future (dotimes [_ n] (eat-from-right-hand)))
  (future (dotimes [_ n] (eat-from-right-hand))))

@alice-height
;=> 147

@right-hand-bites
;=> 4
```

❶ alter 대신 commute를 사용한다.

 오랜 시간이 걸리는 계산을 포함한 트랜잭션이나 ref가 많은 트랜잭션은 재시도가 많을 수 있다. 재시도를 줄이고 싶다면 ref를 많이 사용하는 것보다는 상태의 맵으로 된 아톰 하나를 사용하는 것이 나을 수도 있다.

진행하기 전에 실습을 하나 더 해 보자. y가 항상 x + 2 값이 되게 하자.
y의 값을 덮어쓰기 위해 alter 대신 ref-set을 사용할 것이다. ref-set
은 하나의 ref 값이 다른 ref에 의존하고 있을 때 유용하다. 다른 값으로
부터 바로 계산되는 경우 ref-set을 사용하는 것이 좋다.

```clojure
(def x (ref 1)) ; ❶
(def y (ref 1))

(defn new-values []
  (dosync ; ❷
    (alter x inc) ; ❸
    (ref-set y (+ 2 @x)))) ; ❹

(let [n 2]
  (future (dotimes [_ n] (new-values))) ; ❺
  (future (dotimes [_ n] (new-values))))

@x ; ❻
;=> 5

@y ; ❼
;=> 7
```

❶ x ref와 y ref를 생성하고 초기값으로 설정한다.

❷ ref로 작업하고 있어서 dosync 트랜잭션으로 변경을 감쌀 필요가
있다.

❸ inc 함수로 x의 값을 바꾸기 위해 alter를 적용한다.

❹ ref-set을 이용하여 y를 새로운 값으로 바로 설정한다.

❺ future로 새로운 스레드를 생성해서 new-values 함수를 각각 두 번
씩 실행한다. 그래서 new-values 함수가 네 번 호출된다.

❻ x의 새로운 값은 5이다.

❼ y의 새로운 값은 7이다.

이제 아톰과 ref를 사용하여 동기적으로 변경할 수 있게 되었다. 그러
나 답을 계속 기다릴 필요가 없다면? 어떤 일을 시작해 놓고 그 일이 자
체적으로 처리되기를 원한다면? 이런 비동기적 변경을 위해 에이전트
(agent)를 사용한다.

비동기적 변경을 관리하기 위해 에이전트 사용하기

클로저에서 아톰은 독립적인 동기적 변경을 위해, 그리고 ref는 조화로운 동기적 변경을 위해 사용한다. 이제는 에이전트를 살펴보자. 클로저에서 에이전트는 독립적인 비동기적 변경을 위해 사용한다. 그래서 일을 시키고 그 결과를 바로 사용할 필요가 없을 때는 에이전트에 그 처리를 넘길 수 있다.

이번에는 애벌레의 상태를 에이전트로 만들자. 만드는 방법은 아톰과 거의 비슷하다. 먼저 초기값을 주자.

```
(def who-agent (agent :caterpillar))
```

그리고 에이전트의 값을 얻기 위해서는 @을 이용해 역참조해야 한다.

```
@who-agent
;=> :caterpillar
```

send로 에이전트의 상태를 바꿀 수 있다. send는 함수를 받아서 에이전트로 보낸다. 이 함수는 에이전트의 현재 상태를 인수로 받는데, 필요하다면 그 뒤에 인수를 추가할 수도 있다. change 함수는 이전에 아톰의 swap!에서 사용했는데 이번에도 잘 동작할 것이다.

```
(def who-agent (agent :caterpillar)) ; ❶

(defn change [state] ; ❷
  (case state
    :caterpillar :chrysalis
    :chrysalis :butterfly
    :butterfly))

(send who-agent change) ; ❸
;=> #object[clojure.lang.Agent 0x2545fcdf {:status :ready, :val
                                            :chrysalis}]

@who-agent ; ❹
;=> :chrysalis
```

❶ :caterpillar를 초기값으로 하여 에이전트를 생성한다.

❷ change 함수는 상태를 인수로 받아 case에서 분기 처리한다. 상태

가 :caterpillar면 :chrysalis를, :chrysalis면 :butterfly를 반환한
다. 디폴트인 경우는 :butterfly를 반환한다.

❸ 에이전트가 change 함수를 받는데, 이 함수는 에이전트의 현재 값
을 인수로 사용한다. 그리고 change 함수의 반환값이 에이전트의
새로운 값이 된다.

❹ 역참조한 시점에 에이전트는 새로운 값으로 변경되었다. 이런 변경
은 비동기적으로 일어난다는 점에 주목하자. 그래서 역참조할 때
에이전트의 값은 시간에 따라 :chrysalis일 수도 있고 아닐 수도 있
다[2]. 그런데 REPL에서 역참조하는 경우, 사람의 동작은 상대적으로
아주 느려서 아마 대부분의 경우 :chrysalis일 것이다.

send가 에이전트에 동작을 보내면, 그 동작은 스레드 풀(pool) 중의 한
스레드에 의해 처리된다. 에이전트는 한 번에 하나의 동작만 처리한다.
이런 점에서 에이전트는 파이프라인 방식과 거의 비슷하다. 또한, 같은
스레드에서 보낸 동작들은 보낸 순서대로 처리된다. swap!이나 alter와
는 다르게, send는 처리 결과를 기다리지 않고 즉시 제어를 반환한다.

로그 파일에 쓰는 것과 같이 I/O를 대기하는 작업에는 send는 적합하
지 않다. 이럴 때는 에이전트에 동작을 보내는 다른 방법으로 send-off
를 사용한다. send-off 형식은 send 형식과 같다. 차이점은 send-off는
I/O 대기가 있을 수 있는 동작에 사용해야 한다는 것이다. send는 CPU
작업이 많은 연산에 적합한 고정 스레드 풀을 사용한다. 반면 send-off
는 I/O 작업이 많은 스레드 풀이 대기 상태에 빠지지 않도록 확장 스레
드 풀을 사용한다.

```
(send-off who-agent change)
;=> #object[clojure.lang.Agent 0x2a0cdb2d {:status :ready, :val
                                           :butterfly}]

@who-agent
;=> :butterfly
```

2 (옮긴이) change 함수가 적용되기 전이라면 :caterpillar이고 적용된 후면 :chrysalis이다.

에이전트에 보낸 함수에서는 트랜잭션도 처리할 수 있다. 이는 그 함수 안에서 ref를 변경하거나 트랜잭션이 완료된 후에 다른 동작을 다시 보낼 수 있다는 것을 의미한다. 만약 에이전트에서 에러나 예외가 발생하면 어떤 일이 벌어질까? 에이전트에 보내는 함수로 change-error 함수를 만들어서 확인해 보자.

```
(def who-agent (agent :caterpillar))

(defn change [state]
  (case state
    :caterpillar :chrysalis
    :chrysalis :butterfly
    :butterfly))

(defn change-error [state]
  (throw (Exception. "Boom!"))) ; ❶

(send who-agent change-error) ; ❷
;=> #object[clojure.lang.Agent 0x19165176 {:status :failed, :val
                                            :caterpillar}]

@who-agent ; ❸
;=> :caterpillar
```

❶ 이 에이전트의 변경 함수는 이제 평가할 때마다 예외를 던진다.

❷ 함수를 에이전트에 실제로 보내면 실패했다는 메시지가 나타난다.

❸ 에이전트의 상태를 역참조해보면 이전의 값이 바뀌지 않았음을 알 수 있다.

에이전트의 상태는 바뀌지 않았다. 그 값은 여전히 초기 상태인 애벌레이다. 지금 에이전트는 그 자체로는 실패했다. 예외는 캐시에 저장되었고, 다음에 또 다른 동작이 처리될 때 에이전트의 이 에러가 발생할 것이다. 그래서 에러가 없는 change 함수를 보내면 그제야 캐시된 에러가 발생하는 것을 볼 수 있다.

```
(send-off who-agent change)
;=> Exception Boom!  user/change-error
```

클로저에서 제공하는 agent-errors 함수로 에이전트의 에러를 검사할 수도 있다.

```
(agent-errors who-agent)
;=> (#error {
;     :cause "Boom!"
;     ... })
```

에이전트는 restart-agent 함수로 다시 시작하기 전까지 실패한 상태를 유지한다. restart-agent는 에러를 제거하고 에이전트의 초기값을 재설정한다.

```
(restart-agent who-agent :caterpillar)
;=> :caterpillar
```

```
(send who-agent change)
;=> #object[clojure.lang.Agent 0x19165176 {:status :ready, :val
                                                  :caterpillar}]
```

```
@who-agent
;=> :chrysalis
```

set-error-mode! 함수로 에이전트의 에러 모드를 설정하면 에러에 대응하는 방식을 바꿀 수 있다. 에러 모드를 :fail 또는 :continue로 설정할 수 있다.

```
(set-error-mode! who-agent :continue)
```

에러 모드를 :continue로 설정하고 set-error-handler-fn! 함수로 에러 핸들러를 지정하면, 에이전트에 예외가 발생하는 순간 에러 핸들러가 호출된다. 이런 경우에는 에이전트를 재시작할 필요가 없다.

```
(defn err-handler-fn [a ex]
  (println "error " ex " value is " @a))
```

```
(set-error-handler! who-agent err-handler-fn)
```

이제 change-error 함수를 다시 에이전트에 보내면 다음과 같이 진행된다.

```
(def who-agent (agent :caterpillar))
```

```
(set-error-mode! who-agent :continue)
```

```
(set-error-handler! who-agent err-handler-fn)
```

```
(send who-agent change-error)
```

```
;=> #object[clojure.lang.Agent 0x38e2a8c3 {:status :ready, :val
:caterpillar}]
;; 출력된다
; error #error {
; :cause Boom!
; ... }  value is  :caterpillar

@who-agent
;=> :caterpillar
```

에이전트를 다시 시작하지 않아도 다음 작업을 계속할 수 있다.

```
(send who-agent change)
;=> #object[clojure.lang.Agent 0x38e2a8c3 {:status :ready, :val
                                           :caterpillar}]

@who-agent
;=> :chrysalis
```

에이전트는 독립적으로 수행되는 작업에 아주 좋다. 이러한 사용 예로
는 다른 시스템으로 메시지를 중계하거나, 안전한 멀티스레드 방식으로
파일에 로그를 기록하거나 로봇을 제어하는 명령을 보내는 작업이 있을
것이다.

　지금까지 아톰, ref, 에이전트가 병행성을 어떻게 다루는지 알아보았
다. 표 3-1에 이들을 언제 사용해야 하는지를 요약해 놓았다.

유형	처리	조화여부
아톰	동기적	비조화
ref	동기적	조화
에이전트	비동기적	비조화

표 3-1. 상태와 병행성 선택안

이제 현실 세계의 상태와 병행성을 다룰 수 있게 되었다. 그것도 아주
멋지게! 클로저에는 우리가 이야기해야 할 또 다른 실용적인 면이 있다.
클로저는 자바 가상 머신(JVM: Java virtual machine) 위에서 돌아간다.
그래서 얻게 되는 실질적인 이득이 많다. 다음 장에서 자바 코드 가져
다 쓰기(interoperability)와 다형성(polymorphism)에 대해 알아볼 것
이다.

4장

자바 코드 가져다 쓰기와 다형성

클로저의 큰 이점 중 하나는 자바 가상 머신에서 실행한다는 것이다. JVM이라는 오랜 검증을 거친 플랫폼에서 실행된다는 장점도 있지만 클로저 자신의 라이브러리뿐만 아니라 아주 다양한 자바 라이브러리를 활용할 수 있는 장점도 있다. 이 장에서는 클로저에서 자바 클래스를 어떻게 이용할 수 있는지 알아볼 것이다. 더불어 자바 클래스를 이용해서 다형성(polymorphism)을 처리하는 방식과, 클로저에서 다형성을 처리하는 좀 더 일반적인 방식을 살펴볼 것이다.

먼저 자바 코드를 가져다 쓰는(interop) 방법을 알아보자.

자바 코드 가져다 쓰기

새로운 언어가 나오면 당면하게 되는 문제가 라이브러리이다. 즉, 그 언어가 현업에서 유용하게 쓰이려면, 현재의 주류 언어들이 할 수 있는 모든 일을 해낼 필요가 있다. 주류 언어들에는 예컨대 JSON을 파싱하거나 로그를 기록하는 등의 라이브러리들이 풍부하다.

클로저는 새로운 언어가 겪는 라이브러리 문제를 JVM 상에서 실행해서 자바 클래스를 가져다 쓰는 방법으로 해결한다. 즉, 클로저로 프로그래밍할 때 자바 클래스와 라이브러리를 사용할 수 있다. 클로저 자체도

수많은 테스트를 통해 오랜 검증을 거친 JVM과 자바 라이브러리의 강점 위에서 만들어졌다. 실제로 오늘날 많이 쓰이는 클로저 라이브러리 중에도 자바 라이브러리를 기반으로 한 것이 많다. 이 절에서는 자바 라이브러리와 클래스를 불러오고(import), 새로운 인스턴스를 생성하고, 메소드를 호출하는 등의 프로그래밍 작업 중에 가장 흔하게 접하는 상황을 다룰 것이다.

 자바를 모른다고 걱정하지는 말자. 자바에 발만 살짝 담글 것이다. 깊이 다루지는 않는다.

클로저는 자바 클래스를 사용할 때 특수 형식(special form)인 new와 점(.)을 이용한다. 그리고 이들을 사용해서 만든 좀 더 관용적인 형식도 제공한다. 클로저의 문자열을 통해 이러한 예를 살펴보자. 앨리스가 이상한 나라에서 만난 등장인물 중 하나인 "caterpillar"를 문자열로 사용할 것이다. 그런데 사실 클로저의 문자열은 자바의 문자열인 java.lang.String이다.

 자바의 문자열은 java.lang.String의 인스턴스인데, 클로저의 문자열 역시 마찬가지이다.

```
(class "caterpillar")
;=> java.lang.String
```

java.lang.String의 toUpperCase 메소드를 이용해 이 문자열을 대문자로 바꾸어 보자.

자바에서는 문자열 뒤에 점(.)을 붙여서 toUpperCase 메소드를 호출한다.

```
String cString = new String("caterpillar");
cString.toUpperCase();
```

클로저에서는 같은 일을 할 때 맨 앞에 점이 오고 그 뒤에 객체가 오고, 그리고 그 뒤에 호출하려는 메소드가 온다.

```
(. "caterpillar" toUpperCase)
;=> "CATERPILLAR"
```

점을 접두(prefix)하는 방식으로 짧게 만들어 같은 일을 할 수 있다. 즉, 호출하고자 하는 메소드 바로 앞에 점을 붙여 사용한다:

```
(.toUpperCase "caterpillar")
;=> "CATERPILLAR"
```

자바 메소드의 인수들은 객체의 뒤에 나열된다. 예를 들어, 문자열을 인수로 받는 indexOf를 이용해 "pillar"라는 문자열이 원본에서 몇 번째 인덱스인지 알고 싶다면 자바에서는 다음과 같이 한다.

```
String c1String = new String("caterpillar");
String c2String = new String("pillar");
c1String.indexOf(c2String);
```

클로저에서 첫 번째 인수는 그 메소드를 소유한 문자열이고, 두 번째 인수부터는 메소드가 받는 인수이다.

```
(.indexOf "caterpillar" "pillar")
;=> 5
```

그리고 new를 이용해서 자바 클래스의 인스턴스를 생성할 수 있다.

```
(new String "Hi!!")
;=> "Hi!!"
```

클로저에서 자바 클래스의 인스턴스를 생성하는 또 다른 방법이 있는데, 클래스 이름 바로 뒤에 점을 사용하는 단축형이다.

```
(String. "Hi!!")
;=> "Hi!!"
```

불러오고 싶은 자바 클래스가 있을 때는 어떻게 할까? 예를 들어, 자바의 네트워크 기능을 가져다 쓰고 싶다면? 구체적으로 IP 주소를 표현하는 java.net.InetAddress를 이용하고 싶다고 하자. 이 클래스의 인스턴스는 어떻게 생성할까? 먼저 해야 할 일은 이 자바 클래스를 불러오는 것이다. ns 형식에서 :import를 이용해 패키지와 클래스를 지정하여 불러오면 된다.

```
(ns caterpillar.network
  (:import (java.net InetAddress)))
```

이제 InetAddress의 인스턴스를 만들 수 있다. 자바에서 InetAddress의 새로운 인스턴스를 만들려면 정적 메소드인 getByName을 호출하면 된다. getByName은 호스트명을 받아 그에 대응하는 IP 주소로 바꾼다. 클로저에서 자바 클래스의 정적 메소드를 호출할 때는 슬래시(/) 기호를 이용한다.

```
(InetAddress/getByName "localhost")
;=> #object[java.net.Inet4Address 0x5228401e "localhost/127.0.0.1"]
```

자바 객체를 만들었으니, 점 표기법으로 객체의 속성을 읽어보자.

```
(.getHostName (InetAddress/getByName "localhost"))
;=> "localhost"
```

자바 클래스를 불러오지 않고 이용할 수도 있는데, 이를 위해서는 패키지명을 포함하는 완전한 이름을 사용하면 된다.

```
(java.net.InetAddress/getByName "localhost")
;=> #object[java.net.Inet4Address 0xd32cfc8 "localhost/127.0.0.1"]
```

doto 매크로도 있는데, 이것은 자바 객체를 받아서 그 객체의 메소드를 연속해서 호출한다. doto는 자바 객체의 상태를 연이어 변경할 때 유용하다. 자바에서 문자열을 만들 때 사용하는 StringBuffer 객체를 이용해 예를 들어보자. 문자열을 인수로 하여 StringBuffer 객체를 생성한 후 append 메소드를 호출하여 그 객체에 문자열을 계속해서 추가한다.

```
(def sb (doto (StringBuffer. "Who ")
          (.append "are ")
          (.append "you?")))

(.toString sb)
;=> "Who are you?"
```

doto 구문을 사용하면 다음 예제의 중첩된 형태보다 읽기가 훨씬 좋다.

```
(def sb
  (.append
    (.append
      (StringBuffer. "Who ")
      "are ")
    "you?"))
(.toString sb)

;=> "Who are you?"
```

표 4-1은 원래의 자바 코드와 클로저에서 가져다 쓴 코드를 비교해 보여
준다.

자바	클로저
"caterpillar".toUpperCase();	(.toUpperCase "caterpillar")
"caterpillar".indexOf("pillar");	(.indexOf "caterpillar" "pillar")
new String("Hi!!");	(new String "Hi!!")
new String("Hi!!");	(String. "Hi!!")
InetAddress.getByName("localhost");	(InetAddress/getByName "localhost")
host.getHostName();	(.getHostName host)

표 4-1. 자바 코드 호출 시 자바와 클로저의 비교

클로저의 인기가 높아짐에 따라 선택할 수 있는 클로저의 라이브러리
들이 예전보다 많아졌다. 하지만 자바의 클래스와 라이브러리를 쉽
게 이용할 수 있다는 점은 여전히 클로저의 큰 이점이다. 예를 들어
UUID(universally unique identifier)를 생성할 때 자바 클래스를 이용
할 수 있다. 컴퓨터 프로그램에서 주문이나 고객, 이미지에 해당하는
ID를 생성하는 일은 아주 흔한 일이다. 다음은 UUID를 클로저에서 생
성하는 예이다.

```
(import 'java.util.UUID) ; ❶

(UUID/randomUUID) ; ❷
;=> #uuid "f9877259-2cc1-4e5a-8c6f-8b51499cb9f8"
```

❶ UUID를 위해 해당 자바 클래스를 불러들인다.

❷ 해당 자바 클래스의 메소드를 호출해 무작위의 유일한 UUID를 생
   성한다.

이제 자바 클래스를 사용하는 능력을 갖추게 되었다.

클로저에서 자바의 클래스를 이용하는 다른 방식에 대해 알아보자. 바로 클래스를 다형성(polymorphism)에 이용하는 것이다. 다음에는 클로저에서 다형성을 다루는 여러 가지 방법에 대해 깊이 있게 살펴볼 것이다.

실용적인 다형성

자바와 같은 객체지향 언어에서는 모든 것을 타입으로 처리해서 매우 많은 수의 타입이 존재한다. 하지만 클로저의 접근 방식은 다르다. 클로저는 타입의 수가 적은 반면에 타입마다 많은 수의 함수가 제공된다. 그러나 클로저는 실용적인 언어여서 자바에서 많이 쓰이는 다형성이 일부 상황에서는 유연하고 유용하다고 본다. 클로저가 다형성을 지원하는 몇 가지 방식을 살펴보자.

만약 어떤 함수가 입력값의 종류에 따라 다르게 동작하도록 하고 싶다면 case와 같이 분기를 처리하는 구문을 이용하면 된다. 다음의 예에서는 cond를 사용하고 있다. 인수가 키워드/문자열/숫자 중 어느 것이냐에 따라 애벌레가 앨리스에게 하는 질문을 각각 다르게 반환한다.

```
(defn who-are-you [input]
  (cond
    (= java.lang.String (class input)) "String - Who are you?" ; ❶
    (= clojure.lang.Keyword (class input)) "Keyword - Who are you?" ; ❷
    (= java.lang.Long (class input)) "Number - Who are you?")) ; ❸

(who-are-you :alice) ; ❹
;=> "Keyword - Who are you?"

(who-are-you "alice") ; ❺
;=> "String - Who are you?"

(who-are-you 123) ; ❻
;=> "Number - Who are you?"

(who-are-you true) ; ❼
;=> nil
```

❶ input의 클래스가 문자열이면 "String - Who are you?"를 반환한다.

❷ input의 클래스가 키워드이면 "Keyword - Who are you?"를 반환한다.

❸ input의 클래스가 숫자(Long 클래스)이면 "Number - Who are you?"를 반환한다.

❹ 키워드로 호출하면 키워드 클래스에 대응되는 문자열을 반환한다.

❺ 문자열로 호출하면 문자열 클래스에 대응되는 문자열을 반환한다.

❻ 숫자로 호출하면 숫자 클래스에 대응되는 문자열을 반환한다.

❼ 불린으로 호출하면 대응되는 절이 없어서 nil을 반환한다.

클로저에서 위의 코드는 멀티 메소드(multimethod)를 이용한 다형성으로 표현할 수 있다. 먼저 defmulti로 멀티 메소드를 선언해야 하는데, 이때 어떻게 분기(dispatch)할지 결정하는 함수를 지정해 주어야 한다. 즉, 이 함수가 뒤에 정의되는 메소드들 중에서 어느 것을 사용할지를 결정하게 된다. who-are-you의 경우에는 class 함수의 결과값에 따라 분기된다.

```
(defmulti who-are-you class) ; ❶

(defmethod who-are-you java.lang.String [input] ; ❷
  (str "String - who are you? " input))

(defmethod who-are-you clojure.lang.Keyword [input] ; ❸
  (str "Keyword - who are you? " input))

(defmethod who-are-you java.lang.Long [input] ; ❹
  (str "Number - who are you? " input))

(who-are-you :alice) ; ❺
;=> "Keyword - who are you? :alice"

(who-are-you "Alice") ; ❻
;=> "String - who are you? Alice"

(who-are-you 123) ; ❼
;=> "Number - who are you? 123"

(who-are-you true) ; ❽
;=> IllegalArgumentException No method in multimethod
;    'who-are-you' for dispatch value: class java.lang.Boolean
```

❶ who-are-you 함수가 인수가 하나인 멀티 메소드임을 선언한다. 어떤 메소드를 사용할지를 결정하는 함수는 class 함수이다. 이 class 분기 함수는 하나의 인수만을 갖고 있다.

❷ defmethod를 이용한다. 만약 input이 String 클래스인 경우, 그 input 값을 str 함수에 전달하여 "String - who are you .." 라는 문자열을 만들도록 한다.

❸ Keyword 클래스인 경우에 분기되는 메소드를 정의한다.

❹ Long 클래스인 경우에 분기되는 메소드를 정의한다.

❺ 키워드로 who-are-you 함수를 호출되면 키워드를 위해 정의한 메소드가 사용되고, 반환 문자열에 키워드 :alice가 포함된다.

❻ 문자열로 호출하면 문자열을 위해 정의된 메소드가 사용되고, 반환 문자열에도 문자열 "Alice"가 포함된다.

❼ 숫자로 호출하면 Long을 위해 정의된 메소드가 사용되고, 반환 문자열에도 숫자 123이 포함된다.

❽ 불린으로 호출하면 대응되는 메소드가 정의되어 있지 않으므로 에러를 던진다.

:default 키워드를 사용해 디폴트 메소드를 지정할 수 있다. 대응하는 메소드가 없는 경우에 예외를 던지는 대신 이 메소드가 사용된다.

```
(defmethod who-are-you :default [input]
  (str "I don't know - who are you? " input))

(who-are-you true)
;=> "I don't know - who are you? true"
```

이전 예제에서는 분기 함수인 class가 먼저 호출된 다음 그 반환값을 이용하여 어느 메소드를 사용할지 결정한다.

실제로는 분기 함수로 어느 함수든 사용할 수 있다. 그래서 분기 함수의 입력이 맵일 때 그 맵의 값을 조사해서 그에 따라 분기하는 것도 가능하다. 앨리스가 질문한 내용에 따라 애벌레가 다르게 대답하는 멀티 메소드를 만들 수도 있다.

다음 예에서는 앨리스의 키에 따라 분기되는 멀티 메소드를 만들 것이다. 키에 따라 앨리스는 버섯의 어느 쪽을 먹어야 할지를 알게 된다.

먼저 defmulti로 eat-mushroom이라는 멀티 메소드를 선언한다. 이번에는 분기 함수로 class 함수 대신 직접 정의한 함수를 사용한다. 이 함수는 height라는 인수 하나를 받는다. 키가 3인치 미만이면 :grow 키워드를 반환하고, 그렇지 않으면 :shrink 키워드를 반환한다.

```
(defmulti eat-mushroom (fn [height]
                          (if (< height 3)
                            :grow
                            :shrink)))
```

분기 함수가 반환하는 :grow와 :shrink 키워드에 대응하는 메소드를 defmethod로 각각 정의해 줄 필요가 있다. :grow 키워드의 경우에는 키가 커지려면 버섯의 오른쪽 부분을 먹으라는 도움말을 반환한다.

```
(defmethod eat-mushroom :grow [_]
  "Eat the right side to grow.")
```

:shrink 키워드의 경우에도 비슷하게 버섯의 왼쪽 부분을 먹으라는 도움말을 반환한다.

```
(defmethod eat-mushroom :shrink [_]
  "Eat the left side to shrink.")
```

 defmethod들의 인수로 이름 대신 밑줄을 사용한 것을 볼 수 있다. 이것은 입력 값에는 관심이 없어 그것을 사용하지 않고 무시하겠다는 클로저의 관례이다.

입력인 height를 작은 값으로 해서 eat-mushroom 함수를 호출하면 키가 커질 수 있는 도움말을 반환한다.

```
(eat-mushroom 1)
;=> "Eat the right side to grow."
```

마찬가지로 큰 값으로 eat-mushroom 함수를 호출하면 키가 작아질 수 있는 도움말을 반환한다.

```
(eat-mushroom 9)
;=> "Eat the left side to shrink."
```

클로저에서 다형성을 구현할 수 있는 또 다른 방법으로 프로토콜 (protocol)이 있다. 멀티 메소드가 한 개의 함수를 대상으로 다형성을 구현하는 반면, 프로토콜은 다수의 함수를 대상으로 다형성을 훌륭하게 구현할 수 있다. 프로토콜을 이용해서 String과 Keyword, Long을 사용하는 eat-mushroom 예제를 새로 만들어 살펴보자. 먼저 프로토콜을 정의해야 한다.

```
(defprotocol BigMushroom
  (eat-mushroom [this]))
```

다음으로 extend-protocol을 이용해 각 타입에 대해 프로토콜을 구현한다. 다음의 코드에서 인수 this는 프로토콜 함수가 적용되는 대상이다.

```
(extend-protocol BigMushroom
  java.lang.String
  (eat-mushroom [this]
    (str (.toUpperCase this) " mmmm tasty!"))

  clojure.lang.Keyword
  (eat-mushroom [this]
    (case this
      :grow "Eat the right side!"
      :shrink "Eat the left side!"))

  java.lang.Long
  (eat-mushroom [this]
    (if (< this 3)
      "Eat the right side to grow"
      "Eat the left side to shrink")))
```

데이터 타입에 해당하는 함수가 호출되는 것을 확인해 보자.

```
(eat-mushroom "Big Mushroom")
;=> "BIG MUSHROOM mmmm tasty!"

(eat-mushroom :grow)
;=> "Eat the right side!"

(eat-mushroom 1)
;=> "Eat the right side to grow"
```

프로토콜을 이용해서 기존의 자료구조에 메소드를 추가해 보았다. 하지만 새로운 자료구조를 만들려면 어떻게 해야 할까?

이에 대한 해결책으로 클로저에서는 새로운 데이터 타입을 정의하는 법을 제공하는데, 상황에 따라 두 가지 방법을 사용할 수 있다. 만약 구조적인 데이터가 필요하다면 defrecord를 사용하는데, 이것은 새로운 타입의 클래스를 생성한다. defrecord는 그 클래스에 포함될 필드를 정의한다. 이를 살펴보기 위해 앨리스가 애벌레를 만났을 때 애벌레가 앉아 있던 버섯을 defrecord로 표현해 보자. 버섯은 색깔과 높이를 필드로 가진다.

```
(defrecord Mushroom [color height])
;=> caterpillar.network.Mushroom
```

이제 점 표기법을 이용해 새로운 MushRoom 객체를 생성해 보자.

```
(def regular-mushroom (Mushroom. "white and blue polka dots" "2 inches"))
;=> #'caterpillar.network/regular-mushroom

(class regular-mushroom)
;=> caterpillar.network.Mushroom
```

class 함수가 반환한 타입이 defrecord로 정의한 타입과 같다는 사실에 주목하자. 점-대시(.-)를 필드명 바로 앞에 붙여서 그 값을 읽어 올수 있다. 점(.)만으로도 읽어올 수 있지만, 필드값에 접근하는 경우에는 점-대시가 더 선호된다.

```
(.-color regular-mushroom)
;=> "white and blue polka dots"

(.-height regular-mushroom)
;=> "2 inches"
```

defrecord로 정의한 데이터 타입과 인터페이스를 구현한 프로토콜을 결합해 보자. 앨리스가 이상한 나라에서 만난 버섯은 특별한 버섯이다. 그 버섯의 한 쪽을 먹으면 앨리스의 키가 커지고, 다른 쪽을 먹으면 작아진다. 먹을 수 있는(edible) 버섯을 위한 프로토콜을 정의해 보자. 이 프로토콜에 등록된 함수들은 버섯의 종류에 따라 다르게 동작한다. 프로토콜의 이름은 Edible이고, bite-right-side와 bite-left-side라는 두 개의 함수를 갖고 있다. 이 함수들은 this라는 인수를 받는데 이것은 이 함수들이 호출될 때 인수로 사용될 레코드(record)이다.

```
(defprotocol Edible
  (bite-right-side [this])
  (bite-left-side [this]))
```

이제 프로토콜을 정의했으니 이것을 구현하는 WonderlandMushroom 레코드를 만들어보자.

```
(defrecord WonderlandMushroom [color height] ; ❶
  Edible ; ❷
  (bite-right-side [this] ; ❸
    (str "The " color " bite makes you grow bigger"))
  (bite-left-side [this] ; ❹
    (str "The " color " bite makes you grow smaller")))
```

❶ 색깔과 키를 인수로 받아 필드값으로 설정한 WonderlandMushroom 레코드를 생성한다.

❷ Edible 프로토콜을 구현한다.

❸ bite-right-side 함수를 정의한다.

❹ bite-left-side 함수를 정의한다.

다음으로 RegularMushroom 레코드를 정의한다. 이것은 Wonderland Mushroom과 대단히 유사하다. 생성자의 인수는 같고, 동일하게 Edible 프로토콜을 구현한다. 주된 차이는 구현된 함수들이 하는 일이다. 이번에는 버섯을 먹어도 커지거나 작아지지 않는다. 단지 맛이 없을 뿐이다.

```
(defrecord RegularMushroom [color height]
  Edible
  (bite-right-side [this]
    (str "The " color " bite tastes bad"))
  (bite-left-side [this]
    (str "The " color " bite tastes bad too")))
```

마지막으로, 레코드 뒤에 점을 붙이는 표기법으로 버섯들을 생성해보자.

```
(def alice-mushroom (WonderlandMushroom. "blue dots" "3 inches"))
(def reg-mushroom (RegularMushroom. "brown" "1 inches"))
```

WonderlandMushroom을 먹을 때는 키가 커질지 작아질지에 대한 문자열이 반환된다.

```
(bite-right-side alice-mushroom)
;=> "The blue dots bite makes you grow bigger"

(bite-left-side alice-mushroom)
;=> "The blue dots bite makes you grow smaller"
```

RegularMushroom을 먹을 때는 맛이 없다는 문자열이 반환된다.

```
(bite-right-side reg-mushroom)
;=> "The brown bite tastes bad"

(bite-left-side reg-mushroom)
;=> "The brown bite tastes bad too"
```

지금까지 『이상한 나라의 앨리스』에 프로토콜을 적용한 재미있는 예제를 살펴보았다. 이제는 실제 상황에서 프로토콜을 언제 사용하면 좋을지 생각해 보자.

프로토콜이 실제로 쓰이는 예로는 여러 종류의 데이터 저장소에 데이터를 쓰는 경우를 들 수 있겠다. 비즈니스 환경에서 저장소에 데이터를 기록하는 일은 흔하다. 기록하는 정보는 동일하지만, 이를 다른 종류의 저장소에 기록하고 싶은 것이다. defrecord로 정의한 한 타입은 데이터베이스에 데이터를 저장하고, 다른 타입은 Amazon S3 버킷(bucket)에 데이터를 저장하게 할 수 있다. 버섯의 예에서 사용한 방법을 정보를 저장하는 데에도 쉽게 응용할 수 있을 것이다.

이전 예제에서는 구조적인 데이터를 담는 레코드를 사용했다. 하지만 때때로 defrecord가 제공하고 있는 구조화된 데이터나 맵 형식의 접근 기능에는 관심이 없고, 메모리를 아끼기 위해 단지 타입이 있는 객체를 원할 때가 있다. 이런 경우에 deftype을 사용한다. 버섯의 예를 이용해 deftype을 살펴보자. 이번에는 버섯의 색깔이나 키는 고려하지 않는다.[1]

프로토콜 자체는 변화가 없다.

```
(defprotocol Edible
  (bite-right-side [this])
  (bite-left-side [this]))
```

---

1 (옮긴이) 물론 deftype도 버섯의 색깔이나 키를 필드로 가질 수 있다.

차이점은 defrecord 대신 deftype을 사용한다는 것이다.

```
(deftype WonderlandMushroom [] ; ❶
  Edible ; ❷
  (bite-right-side [this] ; ❸
    (str "The bite makes you grow bigger"))
  (bite-left-side [this] ; ❹
    (str "The bite makes you grow smaller")))
```

❶ deftype을 사용해 인수가 없는 WonderlandMushroom을 정의한다.

❷ Edible 프로토콜을 구현한다.

❸ bite-right-side 함수는 커질 것이라는 문자열을 반환한다.

❹ bite-left-side 함수는 작아질 것이라는 문자열을 반환한다.

RegularMushroom도 WonderlandMushroom과 같은 방식으로 정의한다.

```
(deftype RegularMushroom []
  Edible
  (bite-right-side [this]
    (str "The bite tastes bad"))
  (bite-left-side [this]
    (str "The bite tastes bad too")))
```

앞에서와 마찬가지로 점 표기법을 이용해 버섯들을 생성한다.

```
(def alice-mushroom (WonderlandMushroom.))
(def reg-mushroom (RegularMushroom.))
```

테스트해보면 WonderlandMushroom의 경우에는 커질지 작아질지에 대한 문자열을 반환하고, RegularMushroom의 경우에는 맛이 없다는 문자열을 반환한다.

```
(bite-right-side alice-mushroom)
;=> "The bite makes you grow bigger"

(bite-left-side alice-mushroom)
;=> "The bite makes you grow smaller"

(bite-right-side reg-mushroom)
;=> "The bite tastes bad"

(bite-left-side reg-mushroom)
;=> "The bite tastes bad too"
```

defrecord와 deftype의 주된 차이는 구조화된 데이터를 사용할지의 여부이다. 구조화된 데이터를 원한다면 defrecord를, 그렇지 않으면 deftype을 선택하자. 왜 그럴까? 레코드는 타입 기반으로 분기 처리가 되면서도 맵처럼 데이터를 다룰 수 있기 때문이다(그래서 재사용하기에 좋다). 하지만 구조화된 데이터가 불필요할 때도 있다. 이때 deftype를 사용하면 defrecord가 초래하는 부하를 피할 수 있다.

클로저의 프로토콜과 데이터 타입은 그런 기능이 필요할 때는 강력한 해결책이다. 하지만 조심하자! 객체지향 프로그래밍에 익숙한 사람들은 이 방식을 과도하게 사용하는 경향이 있는데, 그들이 코딩할 때 모델링하고 생각하는 방식과 비슷하기 때문이다.

> **!** 프로토콜을 사용하기 전에 다시 한 번 생각하자.

프로토콜을 이용한 예제에 다른 방식을 써서 동일한 결과를 얻을 수도 있다. 프로토콜을 쓰는 대신에 간단한 맵을 사용해서 어떤 종류의 버섯인지 구별할 수 있다.

mushroom을 인수로 하는 bite-right-side 함수를 정의해 보자. 이 인수는 :type이라는 키를 갖는 맵이다. :type 키의 값이 문자열 "wonderland"이면 몸을 크게 하는 특별한 버섯이고, 아니면 평범한 버섯임을 알 수 있다.

```
(defn bite-right-side [mushroom] ❶
  (if (= (:type mushroom) "wonderland")
    "The bite makes you grow bigger"
    "The bite tastes bad"))
```

❶ mushroom 인수는 :type이라는 키를 갖는 맵이다.

bite-left-side 함수도 비슷한 방식으로 정의할 수 있다.

```
(defn bite-left-side [mushroom]
  (if (= (:type mushroom) "wonderland")
    "The bite makes you grow smaller"
    "The bite tastes bad too"))
```

맵의 :type 키의 값을 "wonderland"로 해서 함수를 호출하면 커질지 작아질지를 문자열로 반환한다.

```
(bite-right-side {:type "wonderland"})
;=> "The bite makes you grow bigger"

(bite-left-side {:type "wonderland"})
;=> "The bite makes you grow smaller"
```

물론 평범한 버섯이면 맛이 없다는 문자열을 반환한다.

```
(bite-right-side {:type "regular"})
;=> "The bite tastes bad"

(bite-left-side {:type "regular"})
;=> "The bite tastes bad too"
```

이와 같이 값과 타입에 따라 다르게 동작하는 함수를 만드는 방법은 여러 가지이다.

프로토콜은 자주 사용하지 않는 것이 좋다. 대부분의 상황에서는 순수 함수나 멀티 메소드를 대신 사용할 수 있다. 클로저의 장점 중 하나는 맵을 사용하다가 필요할 때 레코드로 쉽게 전환할 수 있다는 것이다. 이로 인해 프로토콜 사용 여부의 결정을 늦출 수 있다.

이제 여러분은 아톰과 ref, 에이전트를 이용해서 현실 세계의 상태와 동시성을 다룰 수 있다. 또한, 실용적인 방식으로 다형성을 이용할 수 있게 되었다. 즉, 구조화된 데이터와 타입, 인터페이스를 다룰 수 있는 것이다. 이제 필요한 지식을 모두 갖추었으니 다음 장에서 클로저 프로젝트를 만들고 그 생태계를 탐험해 보자.

5장

클로저 프로젝트와
라이브러리 사용법

지금까지 클로저에 대해 많은 것을 배웠다. 클로저의 기본 문법, 함수형 방식으로 코드를 만들고 제어하는 법, 현실 세계를 다루는 법을 알게 되었다. 지금까지는 REPL에서 짧은 코드를 실행했는데 이제는 클로저 프로젝트를 만들어볼 것이다.

이번 장에서는 라이닝언(Leiningen)이라는 빌드 도구를 이용해서 클로저 프로젝트를 만들 것이다. 이를 통해 클로저 프로그램을 실행하고 테스트하는 방법과 프로젝트에서 라이브러리를 사용하고 관리하는 법을 배우게 될 것이다.

프로젝트를 만들 때는 파일과 디렉터리 구조를 다루게 된다. 이를 위해 클로저에서는 어떤 에디터를 사용해야 할까?

클로저 에디터 선택하기

요즘은 선택할 수 있는 에디터가 많다. 가장 좋은 에디터란 결국 개인의 주관적 선택의 문제이다. 하지만 한꺼번에 여러 가지를 너무 많이 배우려 하는 것은 현명하지 않다. 일단은 이미 알고 있는 에디터와 플러그인으로 시작하자. 나중에 클로저에 좀 더 익숙해지면 다른 에디터들을 테스트해보고 자신에게 가장 맞는 것을 선택하자. 클로저 프로그래밍을 할 때 가장 많이 사용되는 에디터와 플러그인 몇 가지를 소개한다.

인텔리제이

인텔리제이(IntelliJ) 에디터[1]에는 커시브(Cursive)[2]라는 아주 좋은 플러그인이 있다. 이 플러그인에는 클로저 코드 작성을 위한 좋은 기능들이 많다.

이클립스

이클립스(Eclipse) 에디터[3]에도 카운터클락와이즈(CounterClockwise)[4]라는 좋은 플러그인이 있다. 이 플러그인도 클로저를 잘 지원한다.

빔

빔(Vim) 사용자라면 REPL을 위해 파이어플레이스(Fireplace)[5]를 사용하면 좋다.

이맥스

이맥스(Emacs)는 클로저를 코딩하기에 훌륭한 에디터이다. 이맥스는 단순한 에디터가 아니라 생활방식이다. 일단 클로저에 익숙해지면 한번은 꼭 시도해볼 만한 가치가 있다. 싸이더(Cider) 패키지[6]는 멋진 코딩 경험을 제공한다. 나는 이맥스를 사용하는데 그 이유는 REPL과 잘 통합되어 있어서 무거운 IDE 없이도 개별 클로저 코드를 쉽게 평가할 수 있기 때문이다.

하지만 새로운 언어를 배우면서 동시에 이맥스를 배우려 하지는 말자. 이맥스는 정말 어렵다. 클로저를 어느 정도 경험해본 후에 이맥스 사용을 고려해 보자.

---

1   http://www.jetbrains.com/idea
2   https://cursive-ide.com/userguide
3   https://www.eclipse.org
4   http://doc.ccw-ide.org
5   https://github.com/tpope/vim-fireplace
6   https://github.com/clojure-emacs/cider

라이트 테이블

위에서 언급한 에디터 중에 마음에 드는 것이 없다면, 라이트 테이블 (Light Table)[7]을 사용해 볼 것을 권한다. 사용과 설정이 아주 쉬우면 서도 클로저와 REPL에 대한 지원이 훌륭한 통합 에디터이다. 클로저 를 이제 막 시작했다면 라이트 테이블을 사용하는 것이 좋을 것이다.[8]

잠깐 시간을 내서 에디터를 고른 후, 선택한 에디터의 웹사이트를 방문 해서 설치하자. 다음 단계로는 클로저 프로젝트를 만들 것이다.

라이닝언으로 프로젝트 만들기

이 책의 초반부에서 라이닝언으로 프로젝트를 하나 만들었다. 하지만 그 프로젝트는 클로저 REPL을 실행하고 예제를 실행해 보는 데만 사용 했다. 클로저 프로젝트를 만드는 데에는 메이븐(Maven)같은 빌드 시스 템도 사용할 수 있지만, 라이닝언이 가장 편리하고 좋다. 간단한 명령으 로 프로젝트를 만들고 의존 라이브러리들을 내려받을 수 있다. 라이닝 언은 문서화와 관리가 잘 되어 있으며, 클로저에서 프로젝트를 관리하 는 가장 일반적인 방식이다.

라이닝언으로 새로운 프로젝트를 만들고 디렉터리 구조와 프로젝트 구성에 대해 알아보자.

프로젝트의 주제인 앨리스 이야기로 돌아오자. 4장에서 앨리스가 만 난 애벌레는 앨리스가 너무 작으니 버섯을 먹으면 커질 것이라고 말했 다. 앨리스가 버섯을 조금 뜯어 먹자 갑자기 놀라운 속도로 커지기 시작 했다. 앨리스의 머리가 나무 꼭대기까지 치솟아 올랐는데, 나무 꼭대기 에 있던 비둘기 한 마리가 그것을 보고 "뱀(serpent)이다!"라고 소리쳤다.

프로젝트 이름을 serpent-talk라고 하자. 명령창을 열어 다음 명령을 실행해 보자.

---

7 http://lighttable.com
8 (옮긴이) 라이트 테이블에서 초보자에게 편리한 기능 중 하나는 Instarepl이다. 코드 바로 옆에 커서를 놓고 Cmd/Ctrl-Enter 키를 누르면 실행 결과를 그 코드 바로 옆에 보여준다.

```
lein new serpent-talk
```

다음 명령으로 방금 만든 프로젝트의 디렉터리로 들어가서 그 구조를 한 번 살펴보자.

```
cd serpent-talk
```

다음과 같은 디렉터리 구조를 볼 수 있을 것이다.

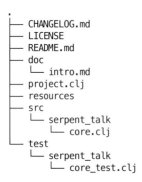

```
.
├── CHANGELOG.md
├── LICENSE
├── README.md
├── doc
│   └── intro.md
├── project.clj
├── resources
├── src
│   └── serpent_talk
│       └── core.clj
└── test
    └── serpent_talk
        └── core_test.clj
```

```
6 directories, 7 files
```

이 파일들이 각각 어떤 파일인지 알아보자.

CHANGELOG.md

프로젝트의 주요 변경사항을 기록하는 문서로 마크다운(Markdown)으로 되어 있다.

LICENSE

프로젝트에 기본으로 생성되는 라이선스는 이클립스 라이선스이다. 이는 대다수 오픈 소스 프로젝트에 적합하다.

README.md

프로젝트를 설명하는 문서이다. 제목과 프로젝트가 하는 일, 사용법과 라이선스가 들어 있다.

doc/intro.md

다른 사람을 위해 프로젝트에 대해 문서화하는 파일이다. 항상 작성해 두는 것이 좋다.

project.clj

프로젝트와 모든 의존 라이브러리에 대한 주 설정 파일이다.

resources

프로그램에 필요한 기타 파일(이미지 같은)을 두는 디렉터리이다.

src/serpent_talk/core.clj

이 파일은 프로젝트의 기본 클로저 코드 파일이다. 주목해야 할 것은 프로젝트 이름(serpent-talk)에서는 하이픈(-)을 사용했지만 디렉터리 이름(serpent_talk)에서는 밑줄을 사용했다는 것이다. 이것은 중요한 사실로 잠시 후에 좀 더 살펴볼 것이다.

test/serpent_talk/core_test.clj

이 파일은 자동으로 생성되는 테스트 파일로, 기본 코드 파일인 core.clj를 테스트한다.

라이닝언은 자동으로 core.clj와 core_test.clj라는 코드 파일을 만들었다. 하지만 core보다는 다른 의미 있는 이름으로 바꾸는 것이 좋을 것이다. 그러니 먼저 이 파일들을 talk.clj와 talk_test.clj로 바꿔보자.

다음과 같이 해 보자.

1. src/serpent_talk/core.clj를 src/serpent_talk/talk.clj로 이름을 바꾼다.

2. test/serpent_talk/core_test.clj를 test/serpent_talk/talk_test.clj로 이름을 바꾼다.

이제 다음과 같은 디렉터리 구조가 될 것이다.

```
.
├── CHANGELOG.md
├── LICENSE
├── README.md
├── doc
│   └── intro.md
├── project.clj
├── resources
├── src
│   └── serpent_talk
│       └── talk.clj
└── test
    └── serpent_talk
        └── talk_test.clj

6 directories, 7 files
```

자신이 선택한 에디터로 src/serpent_talk/talk.clj 파일을 열어보자. 이 파일에는 라이닝언이 자동으로 만든 코드가 있다. 이 코드들은 lein new 명령을 실행하면 자동으로 만들어지는 템플릿 코드이다.

```
(ns serpent-talk.core)

(defn foo
  "I don't do a whole lot."
  [x]
  (println x "Hello, World!"))
```

위의 foo 함수는 라이닝언이 예시를 위해 자동으로 만든 것으로, 이 함수에서 코딩을 시작해 보자.

foo 함수 내의 문자열 "I don't do a whole lot"은 doc-string이라고 한다. 이것은 함수를 설명하는 주석이다.

이 파일의 이름공간은 프로젝트 이름(하이픈으로 연결된)이 먼저 오고 파일 이름이 뒤에 온다. 여기서는 파일 이름을 talk.clj로 바꾸었기 때문에 약간 고쳐주어야 할 것이 있다. talk이라는 파일 이름에 맞추어서 이름공간을 바꾸어 주어야 한다.

```
(ns serpent-talk.core)
```

이 코드를

```
(ns serpent-talk.talk)
```

로 바꾼다.

디렉터리 이름은 하이픈이 아니라 밑줄로 되어 있다. 그래야 클로저 파일이 제대로 컴파일된다. 다시 말해 자바의 클래스 이름으로는 하이픈을 사용할 수 없다는 것인데 지금은 파일 이름에는 밑줄을, 이름공간에는 하이픈을 쓴다는 것만 기억하자.

 항상 파일이나 디렉터리에는 밑줄을, 이름공간에는 하이픈을 쓰자.

다음에는 자동으로 생성된 테스트 파일을 보자. test/serpent_talk/talk_test.clj 파일을 열어보면 다음과 같은 코드를 볼 수 있다.

```
(ns serpent-talk.core-test
  (:require [clojure.test :refer :all]
            [serpent-talk.core :refer :all]))

(deftest a-test
  (testing "FIXME, I fail."
    (is (= 0 1))))
```

먼저 주목할 것은 이름공간이다. 파일 이름을 talk_test.clj로 바꾸었기 때문에 거기에 맞춰 이름공간을 바꿔야 한다.

다음과 같이

```
(ns serpent-talk.core-test
  (:require [clojure.test :refer :all]
            [serpent-talk.core :refer :all]))
```

위의 코드를

```
(ns serpent-talk.talk-test ; ❶
  (:require [clojure.test :refer :all]
            [serpent-talk.talk :refer :all])) ; ❷
```

로 바꾼다.

❶ 이름공간을 파일 이름에 맞춰 바꾼다.

❷ 테스트 파일이 소스 파일을 참조하기 때문에 바꾼 파일 이름에 맞춰 serpent-talk.core를 serpent-talk.talk으로 바꿔야 한다.

이제 파일에서 테스트하는 부분을 보자. deftest 함수를 볼 수 있는데, 이것 또한 라이닝언이 자동으로 생성한 템플릿 코드이다.

```
(deftest a-test ; ❶
  (testing "FIXME, I fail." ; ❷
    (is (= 0 1)))) ; ❸
```

라이닝언이 자동으로 만든 테스트 파일에서 언급할 부분이 몇 군데 있다. 먼저 이름공간에 포함된 파일들을 확인해 보자. 여기에는 두 개의 이름공간이 사용되고 있다. clojure.test 라이브러리를 :refer와 :all 키워드로 불러들였다. 이로써 clojure.test 라이브러리의 함수와 심볼 앞에 clojure.test라는 이름공간을 붙이지 않아도 serpent-talk.talk-test 안에서 모두 사용할 수 있다. 이것은 clojure.test의 deftest와 testing, is를 사용해 테스트 예제를 만들기 때문에 중요하다.

❶ deftest는 테스트 함수를 정의한다.

❷ testing은 deftest 안에서 사용되어 무엇을 테스트하는지에 대해서 설명한다.

❸ is는 실제 테스트를 하는 단언문(assertion)을 제공한다.

불러들인 또 다른 이름공간은 serpent-talk.talk로, 이는 테스트 파일이 테스트할 이름공간이다. 이 이름공간도 :refer와 :all로 불러들이기 때문에 테스트 파일에서 그 심볼들을 직접 참조할 수 있다.

현재로써는 이 테스트가 하는 일이 많지 않다. 라이닝언은 테스트의 예시로, 실패하는 테스트 함수를 제공한다. 이 테스트를 실행하자. 사용하는 에디터에 따라 테스트를 에디터 내에서 직접 실행해 볼 수도 있다. 또한 lein test를 사용해서 명령창에서 테스트를 실행할 수 있다.

다음 명령으로 테스트를 실행하자.

```
$ lein test
```

그러면 다음과 같이 출력될 것이다.

```
lein test serpent-talk.talk-test
lein test :only serpent-talk.talk-test/a-test
FAIL in (a-test) (talk_test.clj:7)
FIXME, I fail.
expected: (= 0 1)
  actual: (not (= 0 1))

Ran 1 tests containing 1 assertions.
1 failures, 0 errors.
Tests failed.
```

테스트는 실패했다. 에러 메시지를 보면 0과 1이 같기를 기대했다는 것을 알 수 있다. 이것은 당연히 틀린 것이다.

a-test 함수가 테스트를 통과하도록 0을 1로 바꾸자.

```
(ns serpent-talk.talk-test
  (:require [clojure.test :refer :all]
            [serpent-talk.talk :refer :all]))

(deftest a-test
  (testing "FIXME, I fail."
    (is (= 1 1)))) ; ❶
```

❶ 식을 참으로 만들어 테스트를 통과하도록 만들자.

통과하는지 보기 위해 테스트를 실행해 보자.

```
$ lein test

lein test serpent-talk.talk-test

Ran 1 tests containing 1 assertions.
0 failures, 0 errors.
```

프로젝트 구조에는 아직 언급하지 않은 디렉터리가 하나 더 있다. 프로젝트 디렉터리를 보면 lein test 명령어를 실행한 후 target이라는 디렉터리가 만들어진 것을 볼 수 있다. 이 디렉터리는 컴파일된 클래스 파일들을 담고 있다.

진도를 더 나가기 전에 프로젝트 설정에 대해 지금까지 배운 것을 정리해 보자.

• 새로운 프로젝트를 만들기 위해 lein new serpent-talk을 실행한다.

• src/serpent_talk/core.clj 파일에 자동으로 기본적인 소스 코드가 생

성된다.

- test/serpent_talk/core_test.clj 파일에 자동으로 기본적인 테스트 코드가 생성된다.
- 자동으로 생성된 파일의 이름을 프로젝트에 맞는 이름으로 바꾼다. 여기에서는 core를 talk으로 바꾸었다.
- 테스트를 실행하기 위해서 `lein test`를 실행한다.

이제 project.clj 설정 파일을 자세히 들여다보자. 프로젝트의 루트 디렉터리(프로젝트가 생성된 디렉터리)에 있는 project.clj 파일을 열어보면 다음과 같을 것이다.

```
(defproject serpent-talk "0.1.0-SNAPSHOT" ; ❶ ❷
  :description "FIXME: write description" ; ❸
  :url "http://example.com/FIXME" ; ❹
  :license {:name "Eclipse Public License" ; ❺
            :url "http://www.eclipse.org/legal/epl-v10.html"}
  :dependencies [[org.clojure/clojure "1.8.0"]]) ; ❻
```

이 코드들은 모두 라이닝언이 자동으로 생성한 것이다. 프로젝트에 대한 모든 정보가 여기에 있다.

❶ serpent-talk는 프로젝트의 이름이다.

❷ "0.1.0-SNAPSHOT"은 프로젝트의 초기 버전이다.

❸ `:description`은 사람이 읽을 수 있도록 작성하는, 프로젝트에 대한 설명이다.

❹ `:url`은 예시로 만들어 놓은 프로젝트의 URL이다.

❺ `:license`는 기본적으로 이클립스 공개 라이선스로 되어 있다.

❻ `:dependencies`는 프로젝트가 의존하는 라이브러리들인데, 현재는 클로저 하나뿐이다.

그런데 클로저에서 의존 라이브러리란 무엇을 말하는가? 그것은 어디에 있는가? 라이닝언이 의존 라이브러리를 어떻게 관리하는지 알면 답을 알 수 있다.

라이닝언으로 의존 라이브러리 관리하기

프로젝트 설정 파일에서 의존 라이브러리 선언 부분은 다음과 같다.

```
[org.clojure/clojure "1.8.0"]
```

이것은 어떤 라이브러리나 JAR 파일을 찾아야 할지 라이닝언에게 알려주는 정보이다. 여기에는 세 가지 정보가 있다.

- group-id는 도메인 이름처럼 하나의 프로젝트를 다른 프로젝트들과 구별해서 나타내는 데 사용된다.
- artifact-id는 버전을 제외한 이름이다.
- 버전은 이 프로젝트의 릴리즈 버전을 말한다.

 자바의 JAR에 익숙하지 않은 사람들을 위해 말해두자면, JAR는 자바 class 파일이나 리소스 파일을 배포하기 위해 패키징하는 방법이다.

라이닝언은 프로젝트 설정 파일의 의존 라이브러리 선언 부분에서 이러한 정보를 가져온다.

```
[org.clojure/clojure "1.8.0"]
```

- org.clojure는 group-id 이다.
- clojure는 artifact-id 이다.
- 1.8.0은 버전이다.

프로젝트의 어떤 코드라도 실행될 때마다(위에서 테스트를 실행한 것처럼) 라이닝언은 선언된 모든 의존 라이브러리들이 있는지 확인하고, 없으면 적절한 저장소로부터 내려 받는다. 기본적으로 라이닝언은 두 개의 유명한 오픈 소스 저장소에서 라이브러리를 찾는다.

- 클로자(Clojars)[9]
- 메이븐 중앙 저장소(Maven Central)[10]

참고로 말하자면(이 예제에서는 필요 없지만) :repositories 키를 설정 파일에서 사용하면 추가적인 저장소(공개용이든 개인용이든)를 지정할 수 있다.

일단 라이닝언이 내려받아야 하는 의존 라이브러리들을 파악하면 로컬 머신에 그 의존 라이브러리들을 내려받아 저장한다. 기본적으로 의존 라이브러리들은 로컬 머신의 메이븐 홈 디렉터리에 저장된다. 맥과 리눅스 시스템에서 그 위치는 다음과 같다.

```
$ ls ~/.m2/repository/org/clojure/clojure/1.8.0/
_maven.repositories      clojure-1.8.0.jar       clojure-1.8.0.jar.sha1
clojure-1.8.0.pom        clojure-1.8.0.pom.sha1
```

group과 artifact, version으로 정의된 디렉터리 경로에 해당 JAR 파일과 그와 관련된 정보 파일들이 저장된다. 위에서 볼 수 있는 clojure-1.8.0.jar 파일이 클로저를 실행할 때 실제 사용되는 JAR 파일이다. 다른 유용한 도구로는 lein deps :tree가 있는데, 이것은 모든 의존성을 파악한 후 프로젝트에서 사용하는 모든 라이브러리들과 그 버전들의 트리 구조를 보여준다.

이제 프로젝트 파일에서 의존 라이브러리를 지정하고 내려받는 법을 배웠으니 재미있는 일을 하는 라이브러리를 하나 추가해 보자. 앞에서 클로저 이름공간은 하이픈으로 된 반면 파일 이름은 밑줄로 되어 있다는 사실이 중요하다고 말했다. 이름을 짓는 이런 관례를 지칭하는 용어들이 있다. 밑줄로 이름 짓는 것은 스네이크 케이스(snake case), 하이픈으로 이름 짓는 것은 케밥 케이스(kebab case)라고 불린다. 또한 자바 클래스에 대해서는 카멜 케이스(camel case)를 사용한다. 이러한 이름짓기 관례에 대한 예시는 다음과 같다.

---

9 https://clojars.org
10 http://search.maven.org

- this_is_snake_case
- this-is-kebab-case
- ThisIsCamelCase

한 이름짓기 관례에서 다른 이름짓기 관례로 변환해주는 카멜-스네이크-케밥(camel-snake-kebab)이라는 멋진 이름의 클로저 라이브러리가 있다. 클로자(Clojars) 웹사이트에서 검색해 보면 이 라이브러리의 최신 버전 정보를 알 수 있다(그림 5-1).

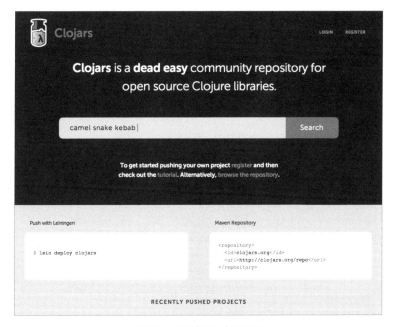

그림 5-1. 클로자(Clojars) 홈페이지

라이닝언을 위한 최신 버전 정보가 보이고, 그 옆에 이전 버전들의 목록이 나타난다. 해당 라이브러리 프로젝트의 깃헙(GitHub) 저장소 링크도 있다. 클로자(Clojars)에서 카멜-스네이크-케밥 라이브러리의 화면은 그림 5-2와 같다.

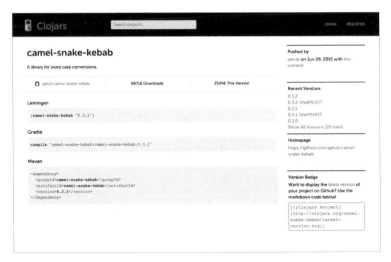

그림 5-2. 클로저(Clojars)에서의 카멜-스네이크-케밥 라이브러리

이 새로운 라이브러리를 추가하기 위해 project.clj 파일을 수정해야 한다. 파일에 다음 코드를 추가하자.

```
[camel-snake-kebab "0.3.2"]
```

전체 project.clj 파일은 다음과 같다.

```
(defproject serpent-talk "0.1.0-SNAPSHOT"
  :description "FIXME: write description"
  :url "http://example.com/FIXME"
  :license {:name "Eclipse Public License"
            :url "http://www.eclipse.org/legal/epl-v10.html"}
  :dependencies [[org.clojure/clojure "1.8.0"]
                 [camel-snake-kebab "0.3.2"]]])
```

이제 프로젝트에서 이 라이브러리를 사용할 수 있게 되었다.

프로젝트에서 라이브러리 사용하기

앨리스를 보고 "뱀이다!"라고 소리친 비둘기를 위해, 문자열을 받아서 다음의 말 뒤에 덧붙여 반환하는 함수를 만들자.

```
"Serpent! You said: "
```

카멜-스네이크-케밥 라이브러리는 이러한 작업을 완벽하게 해주는 함수를 제공한다. 라이브러리의 문서를 보면 문자열을 받아서 스네이크 케이스로 바꿔주는 ->snake_case라는 함수가 있는 것을 알 수 있다. talk.clj 파일을 편집해서 라이브러리를 불러들이고 이 함수를 호출해보자.

이제 파일은 다음과 같다.

```
(ns serpent-talk.talk
  (:require [camel-snake-kebab.core :as csk]))

(csk/->snake_case "hello pigeon")
```

자신의 에디터가 이 이름공간에서 REPL을 실행할 수 있는지 알아보자. 그 실행 방식은 자신이 선택한 에디터에 따라 다르다. 라이트 테이블에서는 파일을 열고, csk/->snake_case가 있는 줄의 맨 끝에 커서를 놓고, Cmd/Ctrl-Enter 키를 누르면, REPL에 연결되어 코드 옆에 바로 평가 결과가 보일 것이다.

```
(csk/->snake_case "hello pigeon")
;=> "hello_pigeon"
```

이제 serpent-talk 함수를 만드는 데 필요한 모든 것을 갖추었다. 이 함수가 우리가 바라는 대로 동작하는지 알아보기 위해 먼저 간단히 테스트를 작성해볼 때이다. talk_test.clj 파일을 열고 다음과 같이 수정하자.

```
(ns serpent-talk.talk-test
  (:require [clojure.test :refer :all]
            [serpent-talk.talk :refer :all]))

(deftest test-serpent-talk
  (testing "Cries serpent! with a snake_case version of the input"
    (is (= "Serpent! You said: hello_there"
           (serpent-talk "hello there")))))
```

훌륭하다! 테스트를 실행해 보자. 에디터를 사용하든가 아니면 명령창에서 lein test로 실행해 보고 어떻게 되는지 보자. 이런! 에러가 났다.

```
Exception in thread "main"
java.lang.RuntimeException:
Unable to resolve symbol: serpent-talk in this context
```

에러 메시지를 보면 serpent-talk이라는 함수가 talk.clj 파일에 아직 정의되어 있지 않다는 것을 알 수 있다. 정의를 추가하자.

```
(ns serpent-talk.talk
  (:require [camel-snake-kebab.core :as csk]))

(defn serpent-talk [input]
  (csk/->snake_case input))
```

테스트를 다시 실행하고 어떻게 되는지 보자.

좀 나아지기는 했지만 여전히 테스트는 실패한다.

```
$ lein test

lein test serpent-talk.talk-test

lein test :only serpent-talk.talk-test/test-serpent-talk

FAIL in (test-serpent-talk) (talk_test.clj:7)
Cries serpent! with a snake_case version of the input
expected: (= "Serpent! You said: hello_there" (serpent-talk "hello there"))
  actual: (not (= "Serpent! You said: hello_there" "hello_there"))

Ran 1 tests containing 1 assertions.
1 failures, 0 errors.
Tests failed.
```

다음과 같은 문자열을 앞에 추가해야 한다.

```
"Serpent! You said:"
```

그리 어려운 일은 아니다. talk.clj 파일을 다음과 같이 고치자.

```
(ns serpent-talk.talk
  (:require [camel-snake-kebab.core :as csk]))

(defn serpent-talk [input]
  (str "Serpent! You said: "
       (csk/->snake_case input)))
```

테스트를 한 번 더 실행해 보자.

```
$ lein test

lein test serpent-talk.talk-test

Ran 1 tests containing 1 assertions.
0 failures, 0 errors.
```

와! 우리는 실제 클로저 프로젝트에서 라이브러리를 사용하고, 테스트를 만들고, 테스트를 통과시켰다.

케밥 케이스나 카멜 케이스로 바꿔주는 함수는 여러분 스스로 만들어 볼 수 있을 것이다.

자, 이제는 이 작은 프로젝트로 무엇을 할 수 있는지 알아보자. 이번에는 명령창에서 프로젝트를 실행해 보면 어떨까?

약간만 수정해 주면 된다. 명령에서 인수를 받는 -main 함수를 talk.clj 파일에 추가해 주어야 한다.

```
(defn -main [& args]
  (println (serpent-talk (first args))))
```

 [& args]는 가변인수를 의미하는데, args라는 벡터로 이 가변인수에 접근할 수 있다.

위 코드는 명령에서 받은 인수들 중 첫 번째 인수를 serpent-talk 함수에 넘기고 그 결과값을 출력한다. 수정한 전체 talk.clj 파일은 다음과 같다.

```
(ns serpent-talk.talk
  (:require [camel-snake-kebab.core :as csk]))

(defn serpent-talk [input]
  (str "Serpent! You said: "
       (csk/->snake_case input)))

(defn -main [& args]
  (println (serpent-talk (first args))))
```

이제 명령창에서 lein run -m 다음에 이름공간을 주어 파일을 실행해 볼 수 있다.

명령창에서 다음 명령을 실행해 보자.

```
$ lein run -m serpent-talk.talk "Hello pigeon"
```

터미널에서 다음과 같이 출력되는 것을 볼 수 있는가?

Serpent! You said: hello_pigeon

방금 우리는 `lein run -m` 명령으로 명령창에서 serpent-talk.talk 이름 공간의 main 함수를 실행해 보았다. 프로젝트 설정을 약간 수정하면 `lein run`만으로 자동으로 실행하게 할 수 있다.

이를 위해서는 project.clj 파일을 다음과 같이 수정해야 한다. `lein run`을 할 때 어느 이름공간의 main 함수가 실행되어야 할지 알려주기 위해 `:main` 키를 추가한다. 수정된 내용은 다음과 같다.

```
(defproject serpent-talk "0.1.0-SNAPSHOT"
  :description "FIXME: write description"
  :url "http://example.com/FIXME"
  :license {:name "Eclipse Public License"
            :url "http://www.eclipse.org/legal/epl-v10.html"}
  :dependencies [[org.clojure/clojure "1.8.0"]
                 [camel-snake-kebab "0.3.2"]]
  :main serpent-talk.talk)
```

이제 다음과 같이 명령을 실행하자.

```
$ lein run "Hello pigeon"
```

그러면 다음과 같이 나타날 것이다.

Serpent! You said: hello_pigeon

지금까지 클로저 프로젝트를 만들고 클로저 라이브러리를 사용해 보았다. 여기서 배운 것을 바탕으로, 다음 장에서는 core.async라는 비동기 통신을 위한 정말 강력한 라이브러리를 사용하는 법을 배울 것이다.

6장

core.async로 통신하기

이제 라이브러리 사용법을 배웠으니 core.async라는 대단히 훌륭한 라이브러리를 알아보자. 이것은 채널(channel)을 통해 비동기적(asynchronous)이고 병행적인(concurrent) 통신을 할 수 있게 하는 라이브러리이다. 즉, 독립적으로 실행되는 스레드들이 서로 통신할 수 있게 해주는 중요한 도구이다. 계속해서 앨리스를 이용한 예제 프로젝트로 core.async가 어떻게 동작하는지 알아보자.

앨리스는 이상한 나라에서 모험을 계속하다가 우연히 다과회(tea party)를 보게 되었다. 그것은 보통의 다과회가 아니라 미친 다과회였다. 앨리스가 파티에 참석했을 때 미친 모자 장수와 삼월의 토끼, 겨울 잠 쥐가 테이블에 앉아 있었다.

다음 단계에 따라 새로운 프로젝트를 만든다.

1. 다음 명령을 실행한다.

```
$ lein new async-tea-party
```

2. 새로 만들어진 디렉터리로 이동한다.

```
$ cd async-tea-party
```

이제 프로젝트를 만들었으니 project.clj를 수정해 core.async 라이브러리를 추가하자. core.async 깃헙 프로젝트[1]에 가면 최신 버전을 확인할 수 있다(그림 6-1).

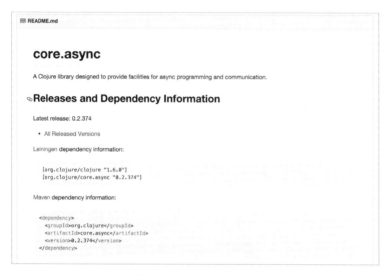

그림 6-1. 깃헙 core-async 프로젝트

project.clj 파일을 수정해 최신 버전의 core.async를 의존 라이브러리로 추가한다.

```
(defproject async-tea-party "0.1.0-SNAPSHOT"
  :description "FIXME: write description"
  :url "http://example.com/FIXME"
  :license {:name "Eclipse Public License"
            :url "http://www.eclipse.org/legal/epl-v10.html"}
  :dependencies [[org.clojure/clojure "1.8.0"]
                 [org.clojure/core.async "0.2.374"]])
```

src/async_tea_party/core.clj 파일을 열어서 core.async 라이브러리를 이름공간에 추가하고, 템플릿이 만들어 놓은 foo 함수를 지운다. 편집

---

1 https://github.com/clojure/core.async

후의 파일은 다음과 같다.[2]

```
(ns async-tea-party.core
  (:require [clojure.core.async
             :refer [>! <! >!! <!! chan close! go go-loop alts!]]))
```

REPL을 실행하자. 이제 비동기 다과회(async-tea-party)를 코딩할 차례
이다. 코딩을 시작하기 전에 async 라이브러리를 이용해 채널을 어떻게
다루는지 먼저 배워야 한다. REPL에서 몇 개의 예제를 실행하여 기본적
인 내용을 배운 후에 코딩에 들어갈 것이다.

core.async 채널의 기본

어떻게 채널을 만들고, 채널에 값을 어떻게 넣고 빼내는지를 아는 것이
기본이다. 먼저 채널을 만들어 보자. 다행히 이 일은 대단히 쉽다. 실제
코드 예제를 만들기 전에 먼저 REPL에서 연습해 보자.[3]

```
(def tea-channel (chan))
```

차(tea)와 같은 무언가를 넣을 수 있는 간단한 채널을 만들었다. 채널에
값을 넣고 빼내는 방법에는 동기적인 방식과 비동기적인 방식 두 가지
가 있다. 대기(blocking) 입력과 대기 출력을 사용하는 동기적인 방식
부터 시작하자.

• 대기 입력은 >!!를 이용하는데, 채널에 데이터를 동기적으로 넣는다.
• 대기 출력은 <!!를 이용하는데, 채널에서 데이터를 동기적으로 빼
  낸다.

---

2 (옮긴이) 6장에서는 원서와 다르게 :refer로 함수를 직접 사용하도록 수정했다. :as로 별칭을 두어
  함수가 어느 라이브러리에 속하는지 표시하는 것은 클로저에서는 좋은 관례이다. 이를 통해 core.
  async 라이브러리의 사용을 명시적으로 보이는 것이 저자의 의도였던 것 같다. 그러나 core.async는
  비록 라이브러리이긴 하지만 그 기능은 언어 자체의 기능을 확장한 것이다. 실제로 클로저 커뮤니티
  에서 core.async의 주요 함수들은 별칭을 붙이지 않고 직접 사용하는 것이 관례이다. core.async의
  경우 이러한 방식이 코드 읽기에 더 좋다. 그래서 본 번역서에서는 함수를 직접 사용하기로 했다. 다
  음은 직접 사용한 core.async의 함수이다. >! <! >!! <!! chan close! go go-loop alts!
3 (옮긴이) REPL에서 core.async 라이브러리를 사용하려면 PERL에서도 위의 코드를 실행해 이름
  공간을 불러들여야 한다.

tea-channel에 차 한 잔을 넣어 보자. 그런데 한 가지 문제가 있다. tea-channel이 버퍼가 없는 채널이어서, 이 채널에 값을 넣게 되면 이 채널에서 값을 빼낼 때까지 메인 스레드가 실행을 멈추게(blocked) 된다. 그렇게 되면 REPL과 프로그램의 실행이 정지된다. 이 문제를 해결하려면 채널을 만들 때 버퍼의 숫자를 지정하여 버퍼가 있는 tea-channel을 만들면 된다. 이제 이 채널에 값을 넣어도 버퍼가 다 차기 전까지는 메인 스레드의 실행이 멈추지 않을 것이다.

```
(def tea-channel (chan 10))
```

이제 대기 입력으로 tea-channel에 차 한 잔을 넣어보자.

```
(>!! tea-channel :cup-of-tea)
;=> true
```

 느낌표 두 개(!!)는 대기 호출을 의미한다.

이제 대기 출력으로 값을 빼내올 수 있다.

```
(<!! tea-channel)
;=> :cup-of-tea
```

close!로 tea-channel을 닫을 수 있다. 이 함수는 채널을 닫아서 새로운 값을 넣을 수 없게 한다. 하지만 채널이 닫힌 뒤에도 이미 채널에 들어가 있는 값들은 빼낼 수 있다. 채널에 값들이 더 이상 없을 때 값을 빼내면 nil을 반환한다. 여러 잔의 차를 tea-channel에 넣은 후 채널을 닫아보자.

```
(>!! tea-channel :cup-of-tea-2)
;=> true

(>!! tea-channel :cup-of-tea-3)
;=> true

(>!! tea-channel :cup-of-tea-4)
;=> true

(close! tea-channel)
;=> nil
```

닫힌 채널에 차를 한 잔 더 넣으면 어떻게 될까?

```
(>!! tea-channel :cup-of-tea-5)
;=> false
```

이미 닫혀 있어서 false를 반환한다. 전에 넣었던 차를 이 채널에서 빼낼 수 있을까?

```
(<!! tea-channel)
;=> :cup-of-tea-2

(<!! tea-channel)
;=> :cup-of-tea-3

(<!! tea-channel)
;=> :cup-of-tea-4
```

그렇다. 차를 빼낼 수 있다. tea-channel에서 차를 다시 빼내면 nil을 반환한다. 채널이 비어서 남아 있는 차가 없기 때문이다.

```
(<!! tea-channel)
;=> nil
```

nil은 특별한 값이다. nil은 채널에 넣을 수 없다는 점에 주의하자.

```
(>!! tea-channel nil)
;=> IllegalArgumentException Can't put nil on channel
```

nil은 채널이 비었음을 알려주기 때문이다.

이제 동기적 방식으로 처리하는 법을 알았으니, 비동기적인 방식으로 처리하는 법을 알아보자. go 블럭 안에서 비동기 입출력을 할 수 있다.

- >!은 비동기 입력을 나타낸다. 이것으로 채널에 데이터를 넣을 때는 go 블럭을 사용해야 한다.
- >!은 비동기 출력을 나타낸다. 이것으로 채널에서 데이터를 빼낼 때는 go 블럭을 사용해야 한다.

```
(let [tea-channel (chan)]
  (go (>! tea-channel :cup-of-tea-1))
  (go (println "Thanks for the" (<! tea-channel))))
;; 화면에 출력된다
; Thanks for the :cup-of-tea-1
```

채널에서 비동기적으로 값을 한 번만 빼내는 것도 좋지만, go-loop를 이용하면 채널에 값이 들어오기를 기다렸다가 가져오기를 반복할 수 있다.

```
(def tea-channel (chan 10))

(go-loop []
  (println "Thanks for the" (<! tea-channel))
  (recur))
```

go-loop가 실행되면 이 반복문은 백그라운드에서 tea-channel에 값이 들어오기를 기다린다. 값이 채널에 들어오면 그 값을 빼내 println을 실행하고, 다시 입력을 기다린다. 실행해 보자.

```
(>!! tea-channel :hot-cup-of-tea)
;; 화면에 출력된다
; Thanks for the :hot-cup-of-tea

(>!! tea-channel :tea-with-sugar)
;; 화면에 출력된다
; Thanks for the :tea-with-sugar

(>!! tea-channel :tea-with-milk)
;; 화면에 출력된다
; Thanks for the :tea-with-milk
```

이 go-loop에서 어떤 일이 일어나고 있을까? go 블럭은 특별한 스레드 풀(Thread Pool)에서 관리된다. 채널에서 값을 가져올 때까지 대기하게 되어 실행이 멈추게 된다. go-loop는 go 블럭 안에 loop가 있는 것처럼 동작한다. 즉, 채널에 값이 있을 때는 값을 가져오고, 다시 처음으로 재귀한 후 다음 값을 기다린다. 이는 그림 6-2에서 볼 수 있다.

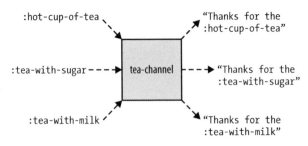

그림 6-2. 채널에 차 넣기

지금까지는 한 개의 채널에서만 값을 가져왔다. 그러나 core.async는 여러 개의 채널 중에서 가장 먼저 도착하는 채널의 값을 가져올 수 있는 방법도 제공한다. alts! 함수를 이용하면 된다. 예제로 이를 확인하기 위해 세 개의 채널을 만들어 보자. tea-channel 이외에 milk-channel과 sugar-channel도 만들 것이다.

```
(def tea-channel (chan 10))
(def milk-channel (chan 10))
(def sugar-channel (chan 10))
```

이제 go-loop 안에서 alts! 함수를 이용해서 이 세 개의 채널로부터 값을 받아보자.

```
(go-loop []
  (let [[v ch] (alts! [tea-channel
                       milk-channel
                       sugar-channel])]
  (println "Got" v "from" ch)
  (recur)))
```

세 개의 채널 중 아무 채널에나 값을 넣어보자. 그러면 go-loop는 어느 채널이든 값이 들어 있는 채널에서 값을 빼내 처리할 것이다.

```
(>!! sugar-channel :sugar)

;; 화면에 출력된다
; Got :sugar from #object[clojure.core.async.impl.channels.ManyToManyChannel
                         0x27fd6482 ...]

(>!! milk-channel :milk)
;; 화면에 출력된다
; Got :milk from #object[clojure.core.async.impl.channels.ManyToManyChannel
                        0x6f15d3ce ...]

(>!! tea-channel :tea)
;; 화면에 출력된다
; Got :tea from #object[clojure.core.async.impl.channels.ManyToManyChannel
                       0xc53201f ...]
```

go 블럭은 스레드에 묶이지 않은 매우 가벼운 프로세스인데다 여러 채널에서 값을 받을 수 있어 매우 강력하다. 채널은 얼마든지 많이 사용할 수 있다. 주 스레드의 실행을 정지시키지 않고 네트워크로 들어오는 다수의 접속 지점들로부터 정보를 받으려고 할 때 매우 유용한 기능이다.

지금까지 채널과 go 블럭을 이용하는 법을 배웠다. 비동기 다과회 프로젝트를 만들기 위한 충분한 지식을 쌓은 것이다.

core.async로 다과회에서 차 서비스하기

이 다과회 예제에서 우리의 관심사는 빨리 차를 받는 것이다. 구글 차 서비스와 야후 차 서비스 두 개를 이용할 것이다. 그림 6-3처럼 두 서비스에 차를 주문하면 가장 빨리 응답이 오는 차 서비스를 받게 된다.

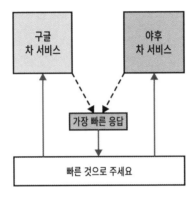

그림 6-3. 가장 빠른 차 서비스

구글과 야후 서비스를 위한 채널을 두 개 만들자. core.clj 파일을 편집해 async 이름공간을 불러들이고 각각의 채널을 정의하자.

```
(ns async-tea-party.core
  (:require [clojure.core.async :refer [>! <!! chan go alts!]]))
(def google-tea-service-chan (chan 10))
(def yahoo-tea-service-chan (chan 10))
```

실제로 구글이나 야후에 차 서비스를 요청하지는 않는다! 알다시피, 이 두 회사는 차 서비스를 하지 않는다. 하지만 가상으로 서비스를 요청하고 임의의 시간이 지난 후에 서비스를 받도록 만들 것이다. 이 임의의 시간은 random-add 함수가 실행하는 데 걸리는 시간이다. 이 함수는 rand-int 함수를 사용해 0에서 100,000 사이의 임의의 정수를 고른다. 그리고 이 숫자에 해당하는 개수만큼의 1을 채운 시퀀스를 만든 다음 이 수를 모두 더하는 함수를 만들 것이다.

```
(defn random-add []
  (reduce + (repeat (rand-int 100000) 1)))
```

구글에 차 서비스를 요청할 때 core.async의 go 블럭 안에서 임의의 시
간 동안 대기할 것이다. 대기가 끝나면 google-tea-service-chan에 "tea
compliments of google" 문자열을 넣어 차가 준비되었다는 것을 알
린다.

```
(defn request-google-tea-service []
  (go
    (random-add)
    (>! google-tea-service-chan
        "tea compliments of google")))
```

야후에 차 서비스를 요청할 때에도 마찬가지이다.

```
(defn request-yahoo-tea-service []
  (go
    (random-add)
    (>! yahoo-tea-service-chan
        "tea compliments of yahoo")))
```

마지막으로 두 회사에 차 서비스를 요청하는 함수를 만든다. 이 함수는
더 빨리 서비스되는 차를 반환하는데 이때 물론 alts! 함수를 사용한다.

```
(defn request-tea []
  (request-google-tea-service) ; ❶
  (request-yahoo-tea-service)  ; ❷
  (go (let [[v] (alts! ; ❸
                   [google-tea-service-chan
                    yahoo-tea-service-chan])]
        (println v)))) ; ❹
```

❶ 구글에 차를 요청하면 임의의 시간동안 대기한 후 google-tea-
service-chan에 해당 문자열을 넣는다.

❷ 야후에 차를 요청하면 임의의 시간동안 대기한 후 yahoo-tea-
service-chan에 해당 문자열을 넣는다.

❸ 구글과 야후 두 개의 채널 중에서 더 먼저 도착하는 서비스를 기다
린다.

❹ 먼저 들어오는 채널의 값을 출력한다.

이 시점에서 core.clj 파일은 다음과 같다:

```clojure
(ns async-tea-party.core
  (:require [clojure.core.async :refer [>! <!! chan go alts!]]))

(def google-tea-service-chan (chan 10))
(def yahoo-tea-service-chan (chan 10))

(defn random-add []
  (reduce + (repeat (rand-int 100000) 1)))

(defn request-google-tea-service []
  (go
    (random-add)
    (>! google-tea-service-chan
        "tea compliments of google")))

(defn request-yahoo-tea-service []
  (go
    (random-add)
    (>! yahoo-tea-service-chan
        "tea compliments of yahoo")))

(defn request-tea []
  (request-google-tea-service)
  (request-yahoo-tea-service)
  (go (let [[v] (alts!
                  [google-tea-service-chan
                   yahoo-tea-service-chan])]
        (println v))))
```

이제 request-tea 함수를 실행해 보자.[4] 이 함수는 "tea compliments of yahoo" 또는 "tea compliments of google" 문자열을 출력할 것이다. 이 결과는 물론 어느 서비스가 먼저 반환되는지에 따라 다르다.

```clojure
(request-tea)
;; 화면에 출력된다
; tea compliments of yahoo
```

몇 번 더 실행해 보자. 실행할 때마다 결과가 Yahoo!나 Google로 바뀔 것이다.

 이 예제를 실행할 때 문제가 생긴다면 뭔가 평가가 안 된 것일 수도 있으니 REPL을 다시 시작하자.

---

4 (옮긴이) REPL에서 request-tea 함수를 실행하려면 위 core.clj 파일의 코드를 REPL에서 실행해 주어야 한다.

멋지다! 비동기 다과회를 실행해 보았다. 값들을 비동기적으로 여러 채널에 보내서 동작을 제어할 수 있게 되었다. 이제 한 걸음 더 나아가 이 예제를 명령창에서 실행되는 코드로 만들어 보자.

명령창에서 실행되는 다과회 만들기

명령창에서 차를 요청하려면 앞의 프로그램을 약간 수정해야 한다. 현재 프로그램의 문제는 차 서비스의 결과를 비동기적으로 출력한다는 것이다. request-tea 함수를 명령창에서 호출하면 프로그램은 해당 문자열이 출력될 때까지 기다리지 않는다. 문자열을 출력하기 전에 프로그램이 먼저 종료될 것이다.

이것을 고치려면 가장 빠른 차 서비스의 결과를 받을 채널이 하나 더 필요하다. 일단 구글이나 야후로부터 결과를 받게 되면 그 값을 결과 채널에 넣을 것이다. 이런 식으로 결과 채널에서 값을 가져올 때까지 대기 상태가 되어, 프로그램이 종료하기 전에 차를 가져올 수 있게 된다.

결과 채널을 추가하고 request-tea 함수를 수정해 다음과 같이 core. clj 파일을 편집한다.

```
(def result-chan (chan 10))

(defn request-tea []
  (request-google-tea-service)
  (request-yahoo-tea-service)
  (go (let [[v] (alts!
                  [google-tea-service-chan
                   yahoo-tea-service-chan])]
        (>! result-chan v)))) ; ❶
```

❶ 여기에서 가장 빠른 차의 결과를 result-chan에 넣는다.

이것을 명령창에서 실행하려면 몇 가지가 더 필요하다. 먼저 프로그램 진입점인 -main 함수가 필요하다. 이 함수에서 차를 요청하는 메시지를 출력한 다음 request-tea 함수를 호출할 것이다. 마지막으로 이 함수는 가장 빠른 차 서비스의 값을 result-chan에서 받기 위해 대기할 것이다.

```
(defn -main [& args]
  (println "Requesting tea!")
  (request-tea)
  (println (<!! result-chan)))
```

이름공간에 :gen-class 키를 추가해 줄 필요가 있다. 이것은 독립적인 프로그램으로 실행되는 클래스를 만든다. 또한 project.clj 파일에 :main 키워드를 추가해서 어떤 이름공간이 진입점으로 사용될지를 알려주어야 한다.

모든 것을 따라 했다면 project.clj 파일은 다음과 같을 것이다.

```
(defproject async-tea-party "0.1.0-SNAPSHOT"
  :description "FIXME: write description"
  :url "http://example.com/FIXME"
  :license {:name "Eclipse Public License"
            :url "http://www.eclipse.org/legal/epl-v10.html"}
  :dependencies [[org.clojure/clojure "1.8.0"]
                 [org.clojure/core.async "0.2.374"]]
  :main async-tea-party.core)
```

그리고 core.clj 파일은 다음과 같다.

```
(ns async-tea-party.core
  (:gen-class)
  (:require [clojure.core.async :refer [>! <!! chan go alts!]]))

(def google-tea-service-chan (chan 10))
(def yahoo-tea-service-chan (chan 10))
(def result-chan (chan 10))

(defn random-add []
  (reduce + (repeat (rand-int 100000) 1)))

(defn request-google-tea-service []
  (go
    (random-add)
    (>! google-tea-service-chan
        "tea compliments of google")))

(defn request-yahoo-tea-service []
  (go
    (random-add)
    (>! yahoo-tea-service-chan
        "tea compliments of yahoo")))

(defn request-tea []
  (request-google-tea-service)
  (request-yahoo-tea-service)
  (go (let [[v] (alts!
                  [google-tea-service-chan
                   yahoo-tea-service-chan])]
```

```
        (>! result-chan v))))
(defn -main [& args]
  (println "Requesting tea!")
  (request-tea)
  (println (<!! result-chan)))
```

이제 실행해 보자! 명령창에서 프로젝트의 최상위 디렉터리로 이동한 다음 lein run을 실행한다.

다음과 같은 결과가 보일 것이다.

```
$ lein run
Requesting tea!
tea compliments of yahoo
```

다시 실행해 다른 결과가 출력되는지 보자. 임의의 시간 동안 대기하므로 실행 결과가 매번 다르게 나올 수 있다.

```
$ lein run
Requesting tea!
tea compliments of google
```

라이닝언을 사용하지 않고 이 프로그램을 실행할 수 있다면 더 좋을 것이다. uberjar로 패키지를 만들면 된다. 이렇게 만든 JAR 파일은 클로저를 포함한, 실행에 필요한 모든 것을 담고 있다.

uberjar를 이용해 다과회 패키지 만들기

라이닝언으로 쉽게 uberjar 패키지를 만들 수 있다. 이를 위해 할 것이 하나 더 있는데 그것은 project.clj 파일에 :aot 키워드를 추가하는 것이다. 이것은 사전(ahead-of-time) 컴파일을 해서 명령창에서 독립적으로 실행되는 코드를 만든다.

project.clj 파일에서 다음과 같이 :aot 키워드를 추가한다.

```
(defproject async-tea-party "0.1.0-SNAPSHOT"
  :description "FIXME: write description"
  :url "http://example.com/FIXME"
  :license {:name "Eclipse Public License"
            :url "http://www.eclipse.org/legal/epl-v10.html"}
  :dependencies [[org.clojure/clojure "1.8.0"]
                 [org.clojure/core.async "0.2.374"]]
  :main async-tea-party.core
  :aot [async-tea-party.core])
```

명령창의 프로젝트 최상위 디렉터리에서 lein uberjar를 실행한다.

target 디렉터리에 두 개의 JAR 파일이 생성된 것을 볼 수 있다.

```
$ lein uberjar
Compiling async-tea-party.core
Created target/async-tea-party-0.1.0-SNAPSHOT.jar
Created target/async-tea-party-0.1.0-SNAPSHOT-standalone.jar
```

첫 번째 jar 파일은 이 프로젝트의 클래스 파일들과 core.async 의존 라이브러리를 담고 있다. 두 번째 standalone jar 파일은 이것에 더하여 모든 클로저 클래스 파일도 담고 있다. 이 jar 파일은 java -jar 명령으로 실행할 수 있다. 명령창에서 다음을 실행해 보자.

```
$ java -jar ./target/async-tea-party-0.1.0-SNAPSHOT-standalone.jar
```

다음과 같은 실행 결과를 볼 수 있을 것이다.

```
Requesting tea!
tea compliments of yahoo
```

지금까지 비동기 통신을 하는 클로저 프로젝트를 만들어 보았다. 이 프로젝트를 명령창에서 실행해 보고, 또한 독립적으로 실행할 수 있는 파일로도 만들어 보았다.

지금까지는 JVM상에서 돌아가는 클로저에 대해 알아보았는데, 클로저스크립트(ClojureScript)를 이용하면 브라우저상에서 돌아가는 프로그램도 만들 수 있다. core.async 라이브러리는 클로저스크립트에서도 돌아가므로, 브라우저에서 콜백 함수 없이 비동기 통신을 할 수 있다!

다음 장에서는 서버는 클로저로, 클라이언트는 클로저스크립트로 구축하는 웹의 세계를 살펴보자.

7장

L i v i n g **C l o j u r e**

클로저로 웹 애플리케이션 만들기

이 장에서는 지금까지 배운 내용을 모두 합쳐서 클로저로 웹 애플리케이션을 만들 것이다. 서버는 클로저로 되어 있고 클라이언트는 클로저 스크립트로 된 웹 앱을 이 장의 끝에서 보게 된다.

그럼 시작해 보자. 먼저 웹 서버를 만들고 구동시키기 위해 라이닝언으로 프로젝트를 만들고 컴포저(Compojure)라는 클로저 라이브러리를 사용할 것이다.

컴포저로 웹 서버 만들기

컴포저는 하위 레벨의 웹 애플리케이션 라이브러리인 링(Ring)에 간단한 라우팅(routing)을 제공하는 클로저 라이브러리이다. 링의 좋은 점은 여러 요소들을 조합하여 웹 애플리케이션을 만들 수 있다는 것이다. 사실 클로저에는 지배적으로 사용되는 웹 애플리케이션 프레임워크가 없다. 그보다는 여러 라이브러리를 조합하여 사용하는 경우가 많다.

예제가 필요하다. 이 예제를 위해 『이상한 나라의 앨리스』에서 내가 가장 좋아하는 캐릭터 하나를 아껴두었다. 앨리스가 만난, 항상 웃고 있는 유쾌한 체셔(cheshire) 고양이다. 이 고양이를 특별히 아끼는 의미에서 이 프로젝트의 이름을 cheshire-cat이라고 하겠다. 이 예제의 마지막

에서는 체서 고양이를 화면에서 사라지게 만드는 클로저스크립트 클라이언트와 클로저 서버를 만들 것이다.[1]

이 예제는 라우팅과 JSON, 간단한 클로저 스크립트에 초점을 맞추어서 웹 애플리케이션의 기본에 대해 잘 이해할 수 있도록 만들었다. 그후 템플리팅(templating), 데이터베이스, 기타 라이브러리와 프레임워크와 같은 더 넓은 영역을 다룰 것이다.

라이닝언으로 새로운 프로젝트를 만들기 위해 보통은 `lein new cheshire-cat`을 실행한 다음, 직접 필요한 라이브러리를 추가하고 코드를 작성하게 된다. 그러나 컴포저를 이용하는 프로젝트의 경우에는 그 구성 과정을 생략하고 대신 템플릿을 사용할 수 있다. 이런 방식으로 웹 애플리케이션의 골격을 자동으로 만들 수 있다.

명령창을 열고 `lein new compojure cheshire-cat`을 실행하자.

`cd chechire-cat`을 입력하여 새로 생성된 디렉터리로 가서 무슨 일이 일어났는지 보자. 다음 디렉터리 구조가 보일 것이다.

```
.
├── README.md
├── project.clj
├── resources
│   └── public
├── src
│   └── cheshire_cat
│       └── handler.clj
└── test
    └── cheshire_cat
        └── handler_test.clj

6 directories, 4 files
```

다른 프로젝트 구조와 아주 비슷하지만 몇 가지 차이점이 있다. 새로운 resources/public 디렉터리가 있다. 이것은 일반적으로 이미지, CSS, 자바스크립트 파일을 보관하기 위해 웹 애플리케이션에서 사용된다. 또한 handler.clj라는 소스 파일과 이를 테스트하는 파일도 생성되었다.

---

1 https://github.com/gigasquid/cheshire-cat

라이닝언은 자동으로 최신 버전의 컴포저 템플릿을 내려받는다. 받은 코드가 이 책과 다르더라도 걱정하지 말자. 더 최신 버전을 받을 수도 있다. 예제를 따라 하려면 단지 project.clj와 handler.clj의 코드를 책의 코드로 바꿔주면 된다.

코드를 살펴보기 전에 생성된 README 파일에 어떤 내용이 있는지 확인하자.

cheshire-cat

FIXME

Prerequisites

You will need [Leiningen][] 2.0.0 or above installed.

[leiningen]: https://github.com/technomancy/leiningen

Running

To start a web server for the application, run:

    lein ring server

License

Copyright © 2016 FIXME

이제 lein ring server 명령으로 웹 서버를 구동시킬 수 있다. 명령창에서 이 명령을 입력해보고 무슨 일이 일어나는지 보자.

```
$ lein ring server
2016-01-21 10:48:16.652:INFO:oejs.Server:jetty-7.6.13.v20130916
2016-01-21 10:48:16.709:INFO:oejs.AbstractConnector:Started SelectChan
nelConnector@0.0.0.0:3000
Started server on port 3000
```

웹 서버가 3000 포트로 시작되었다. 그림 7-1과 같이 자동으로 브라우저가 열리고 "Hello World" 글자가 나타난다.

그림 7-1. Hello World 링 서버

멋지다. 최소한의 기능을 갖춘 웹 서버가 만들어졌다. 이 웹 서버는 이후 예제의 기반이 될 것이다. 더 나아가기 전에 라이닝언이 컴포저 템플릿을 이용하여 생성한 파일들을 살펴보면서 어떤 식으로 동작하는지 알아보자.

src/cheshire_cat/handler.clj 파일을 보자.

```clojure
(ns cheshire-cat.handler
  (:require [compojure.core :refer :all]
            [compojure.route :as route]
            [ring.middleware.defaults
             :refer [wrap-defaults site-defaults]]))

(defroutes app-routes ; ❶
  (GET "/" [] "Hello World") ; ❷
  (route/not-found "Not Found")) ; ❸

(def app
  (wrap-defaults app-routes site-defaults)) ; ❹
```

❶ defroutes는 app-routes라는 HTTP 라우트들을 만든다. 이것들은 클라이언트가 요청하는 URL의 경로를 처리한다.

❷ GET은 HTTP get 라우트를 만드는데, 여기에서는 베이스 URL을 요청했을 때의 루트 경로를 처리한다. 이때 경로는 "/"이고, "Hello World" 문자열을 반환한다.

❸ route/not-found는 기본 404 핸들러를 만든다. 만약 "/foo"처럼 정의되어 있지 않은 경로를 요청하면, 이것은 404 상태와 함께 "Not Found"를 반환한다.

❹ 여기서는 우리가 만든 라우트에 다른 기본적인 미들웨어를 추가하기 위해 wrap-defaults를 이용한다. 이 미들웨어는 파라미터, 세션, 쿠키, 리소스(이미지, CSS, 자바스크립트 등) 사용과 같은 기본적인 사이트 구성에 필요한 것들이다. 이때 wrap-defaults는 어떤 미들웨어들로 구성할지 결정하는 옵션을 받는다. site-defaults 옵션 이외에도 다양한 옵션들이 있다. 프로젝트에 맞춰서 api나 보안 사이트 설정과 같은 필요한 옵션을 선택할 수 있다. 이 옵션들은 Ring-Defaults 라이브러리[2]에서 찾을 수 있다.

---

2 https://github.com/ring-clojure/ring-defaults

app 핸들러는 이 애플리케이션의 시작점이다. 다음으로는 project.clj 파일을 열어 어떻게 구성되어 있는지 보자.

```
(defproject cheshire-cat "0.1.0-SNAPSHOT"
  :description "FIXME: write description"
  :url "http://example.com/FIXME"
  :min-lein-version "2.0.0"
  :dependencies [[org.clojure/clojure "1.8.0"]
                 [compojure "1.4.0"]
                 [ring/ring-defaults "0.1.5"]]
  :plugins [[lein-ring "0.9.7"]] ; ❶
  :ring {:handler cheshire-cat.handler/app} ; ❷
  :profiles
  {:dev {:dependencies [[javax.servlet/servlet-api "2.5"]
                        [ring/ring-mock "0.3.0"]]}})
```

여기서 :plugins와 :ring 키가 중요한 부분이다.

❶ lein-ring 플러그인은 웹 서버를 시작하는 것과 같은 일반적인 링(ring) 작업을 자동화한다.

❷ :ring :handler 키는 웹 서버를 시작할 때 어디서 app 라우트를 찾아야 할지 알려준다. 여기에서는 cheshire-cat.handler에 있는 app을 지정했다.

이런 식으로 간단한 컴포저 앱을 통해 웹 서버를 구동하고 라우트를 정의해서 응답하게 만들 수 있다. /cheshire-cat이라는 새로운 라우트에 응답하도록 handler.clj 파일을 수정하자.

defroutes에 다음을 추가하자.

```
(GET "/cheshire-cat" [] "Smile!")
```

수정한 파일은 다음과 같다.

```
(ns cheshire-cat.handler
  (:require [compojure.core :refer :all]
            [compojure.route :as route]
            [ring.middleware.defaults
             :refer [wrap-defaults site-defaults]]))

(defroutes app-routes
  (GET "/" [] "Hello World")
  (GET "/cheshire-cat" [] "Smile!")
```

```
  (route/not-found "Not Found"))

(def app
  (wrap-defaults app-routes site-defaults))
```

이제 브라우저에서 http://localhost:3000/cheshire-cat으로 이동할 수 있다. 그림 7-2처럼 보일 것이다.

그림 7-2. text/HTML 형식의 링 응답

지금까지는 보통의 text/HTML로만 응답했다. 클라이언트와 통신하는 방법으로 더 유연한 JSON을 써보자. 먼저 클로저의 자료구조를 JSON으로 바꿔주는 라이브러리가 필요하다. 공교롭게도 JSON 변환을 수행하는 클로저 라이브러리의 이름도 체서(Cheshire)이다.

체셔 라이브러리와 링을 이용하여 JSON으로 응답하기

체서는 JSON을 위한 인코딩/디코딩 라이브러리로 깃헙에서 찾을 수 있다.[3] 프로젝트에 체서 라이브러리를 추가하여 cheshire-cat 경로의 URL로 요청을 보내면 웹 서버가 JSON으로 응답하도록 만들자.

먼저 할 일은 project.clj 파일의 의존 라이브러리 목록에 체서 라이브러리를 추가하는 것이다. project.clj 파일에 다음을 추가하자.

```
[cheshire "5.5.0"]

(defproject cheshire-cat "0.1.0-SNAPSHOT"
  :description "FIXME: write description"
  :url "http://example.com/FIXME"
  :min-lein-version "2.0.0"
  :dependencies [[org.clojure/clojure "1.8.0"]
                 [compojure "1.4.0"]
```

---

3 https://github.com/dakrone/cheshire

```
                [ring/ring-defaults "0.1.5"]
                [cheshire "5.5.0"]]
 :plugins [[lein-ring "0.9.7"]]
 :ring {:handler cheshire-cat.handler/app}
 :profiles
 {:dev {:dependencies [[javax.servlet/servlet-api "2.5"]
                       [ring/ring-mock "0.3.0"]]}})
```

새로운 의존 라이브러리를 추가했기 때문에 웹 서버를 다시 시작할 필요가 있다. lein ring server를 실행한 터미널에서 이를 재시작하자.

 또한 lein ring server-headless로 웹 서버를 시작할 수도 있다. 이것은 서버는 구동하지만 브라우저 창을 새로 열지는 않는다.

이제 핸들러를 수정해서 JSON으로 응답하도록 바꿔보자. 에디터로 handler.clj 파일을 열자. 체셔 라이브러리를 사용하려면 먼저 이를 이름공간에 추가할 필요가 있다. 그것을 :require에 추가하자.

```
(ns cheshire-cat.handler
  (:require [compojure.core :refer :all]
            [compojure.route :as route]
            [ring.middleware.defaults
             :refer [wrap-defaults site-defaults]]
            [cheshire.core :as json]))
```

다음으로 넘어가기 전에 체셔 라이브러리로 JSON을 파싱하고 생성하는 기본적인 방법을 알아보자. REPL에서 테스트해볼 수 있다. 두 개의 주된 함수가 있다. JSON으로 인코딩하는 generate-string과, JSON으로부터 디코딩하는 parse-string이다. 둘 다 살펴보자.

generate-string을 이용한 인코딩은 클로저 자료구조를 JSON 문자열로 변환한다.

```
(json/generate-string {:name "Cheshire Cat" :state :grinning})
;=> "{\"name\":\"Cheshire Cat\",\"state\":\"grinning\"}"
```

parse-string을 이용한 디코딩은 반대이다. JSON으로 인코딩된 문자열을 클로저 자료구조로 변환한다. 기본적으로는 키가 문자열인 맵을 반환할 것이다.

```
(json/parse-string
  "{\"name\":\"Cheshire Cat\",\"state\":\"grinning\"}")
;=> {"name" "Cheshire Cat", "state" "grinning"}
```

그러나 두 번째 인수를 true로 하면 parse-string은 키가 키워드인 맵을 반환한다.

```
(json/parse-string
  "{\"name\":\"Cheshire Cat\",\"state\":\"grinning\"}" true)
;=> {:name "Cheshire Cat", :state "grinning"}
```

JSON 변환을 다루어 보았으니, 라우트를 JSON 응답으로 어떻게 변환할지 알아보자.

링은 요청과 응답을 모두 맵으로 처리한다. 그래서 핸들러 함수에서는 HTTP 응답을 맵의 형식으로 반환해야 한다. app-routes를 고쳐서 JSON 응답을 반환하도록 하자.

```
(defroutes app-routes
  (GET "/" [] "Hello World")
  (GET "/cheshire-cat" []
      {:status 200 ; ❶
       :headers {"Content-Type" "application/json; charset=utf-8"} ; ❷
       :body (json/generate-string ; ❸
               {:name "Cheshire Cat"
                :status :grinning})})
  (route/not-found "Not Found"))
```

❶ 응답의 HTTP 상태(status)를 지정한다. 여기에서는 요청이 성공적으로 처리됐다는 의미로 200을 반환한다.

❷ 응답의 컨텐트 타입(content-type)을 지정한다. 여기에서는 text/HTML 타입이 아니라 JSON 타입의 응답이라는 것을 말한다.

❸ 본문(body)은 응답할 데이터이다. 물론 이것은 JSON 포맷이어야한다. 여기에서는 클로저의 맵을 JSON 문자열로 만들기 위해 체셔라이브러리를 사용하고 있다.

응답을 확인해 보자. 맥이나 리눅스에서는 터미널을 열어 다음 명령을 입력한다.

```
curl -i http://localhost:3000/cheshire-cat
```

만약 윈도우라면 구글 크롬이나 파이어폭스에서 http://localhost:
3000/cheshire-cat으로 이동해 보자. 그러면 JSON 데이터가 보일 것이
다. curl로 받은 결과는 다음과 같다.

```
$ curl -i http://localhost:3000/cheshire-cat
HTTP/1.1 200 OK
Date: Thu, 21 Jan 2016 02:00:52 GMT
Set-Cookie: ring-session=35dd97ad-fd85-4d8c-befa-
c2437572172f;Path=/;HttpOnly
X-XSS-Protection: 1; mode=block
X-Frame-Options: SAMEORIGIN
X-Content-Type-Options: nosniff
Content-Type: application/json; charset=utf-8
Content-Length: 43
Server: Jetty(7.6.13.v20130916)

{"name":"Cheshire Cat","status":"grinning"}
```

이제 서버가 JSON 응답을 할 수 있게 되었다.

이전에 응답으로 "Hello world"나 "Smile"을 반환할 때, 왜 응답 형식
으로 맵을 사용하지 않아도 되는 것일까? 그것은 컴포저 라이브러리가
대신 처리해주었기 때문이다. 응답으로 문자열을 반환하면 그것을 다
음과 같은 표준 응답으로 변환한다.

```
{:status 200
 :headers {"Content-Type" "text/html; charset=utf-8"}
 :body "Hello World"}
```

만약 모든 응답이 JSON인 API를 만들 계획이라면, 아마 그 모든 응답을
일일이 만들고 싶지는 않을 것이다. 이 경우에는 이런 일을 자동으로 처
리해주는 링 미들웨어를 사용할 수 있다. Ring-JSON[4] 라이브러리가 바
로 이런 일을 한다. 이 라이브러리는 응답의 본문이 클로저 자료구조인
모든 응답을 JSON으로 자동으로 변환하는데, 이런 변환을 위해 내부적
으로 체서 라이브러리를 사용한다.

JSON 응답을 만들기 위해 이 미들웨어를 사용해 보자. 물론 먼저,
Ring-JSON 라이브러리를 포함하기 위해 project.clj를 수정해야 한다. 체
서 라이브러리는 더 이상 직접적으로는 사용할 필요가 없으니 제거하자.

---

4 https://github.com/ring-clojure/ring-json

```
(defproject cheshire-cat "0.1.0-SNAPSHOT"
  :description "FIXME: write description"
  :url "http://example.com/FIXME"
  :min-lein-version "2.0.0"
  :dependencies [[org.clojure/clojure "1.8.0"]
                 [compojure "1.4.0"]
                 [ring/ring-defaults "0.1.5"]
                 [ring/ring-json "0.4.0"]]
  :plugins [[lein-ring "0.9.7"]]
  :ring {:handler cheshire-cat.handler/app}
  :profiles
  {:dev {:dependencies [[javax.servlet/servlet-api "2.5"]
                        [ring/ring-mock "0.3.0"]]}})
```

새로운 라이브러리를 내려받아야 하기 때문에 웹 서버를 다시 시작해야 한다. 작동하고 있는 서버를 멈춘 다음 재시작을 위해 `lein ring server` 명령을 입력하자.

이제 handler.clj 파일을 수정하자. 이름공간에서 cheshire.core를 제거하고 대신 다음을 추가한다.

```
[ring.middleware.json :as ring-json]
[ring.util.response :as rr]
```

이제 직접 만든 응답을 `/cheshire-cat` 라우트에서 제거할 수 있다. response 함수와 클로저 자료구조만 남겨두자.

```
(GET "/cheshire-cat" []
     (rr/response {:name "Cheshire Cat" :status :grinning}))
```

ring.util.response/response 함수는 상태가 200인 기본 맵을 생성한다. REPL에서 테스트해보면 다음의 결과를 볼 수 있다.

```
(rr/response {:name "Cheshire Cat" :status :grinning})
;=> {:status 200,
;    :headers {},
;    :body {:name "Cheshire Cat", :status :grinning}}
```

마지막으로 app 정의 안에 JSON 미들웨어 래핑을 추가하자.

```
(def app
  (-> app-routes
      (ring-json/wrap-json-response)
      (wrap-defaults site-defaults)))
```

위 코드는 app-routes를 받아서 site-defaults로 래핑하고, 다시 그것을 자동화된 JSON 응답으로 래핑한다. JSON 래핑은 체셔 라이브러리를 이용해서 응답의 본문에 있는 모든 컬렉션을 자동으로 JSON으로 변환한다.

모두 모아보면, 전체 handler.clj 파일은 다음과 같다.

```clojure
(ns cheshire-cat.handler
  (:require [compojure.core :refer :all]
            [compojure.route :as route]
            [ring.middleware.defaults :refer [wrap-defaults site-defaults]]
            [ring.middleware.json :as ring-json]
            [ring.util.response :as rr]))

(defroutes app-routes
  (GET "/" [] "Hello World")
  (GET "/cheshire-cat" []
      (rr/response {:name "Cheshire Cat" :status :grinning}))
  (route/not-found "Not Found"))

(def app
  (-> app-routes
      (ring-json/wrap-json-response)
      (wrap-defaults site-defaults)))
```

명령창에서 curl을 이용해 cheshire-cat 라우트를 테스트해 보자. 다음 명령을 입력한다.

```
curl -i http://localhost:3000/cheshire-cat
```

시스템에 curl이 있다면 다음을 볼 수 있다.

```
HTTP/1.1 200 OK
Date: Thu, 21 Jan 2016 02:25:45 GMT
...
Content-Type: application/json; charset=utf-8
Content-Length: 43
Server: Jetty(7.6.13.v20130916)

{"name":"Cheshire Cat","status":"grinning"}
```

HTML과 JSON 응답을 모두 처리할 수 있는 웹 서버를 만들었다. 이제 브라우저에서 자바스크립트로 웹 서버에 요청을 보내고 응답을 받는 방식으로 통신하면서 재미있는 일을 할 수 있게 되었다. 그런데 클로저는 서버단에서만 사용할 수 있는 것일까? 아니다. 서버뿐만 아니라 브라우저에서도 클로저스크립트를 이용하면 클로저를 사용할 수 있다.

클로저스크립트로 브라우저에서 클로저 사용하기

클로저스크립트(ClojureScript)는 클로저 언어의 부분 집합으로 자바스
크립트로 컴파일된다. 클로저스크립트는 내부적으로 구글 클로저 컴파
일러(Google's Closure compiler)[5](공교롭게도 그 이름이 클로저와 발
음이 같아서 혼란을 일으킨다. 하지만 둘은 완전히 다르다)를 사용한
다. 구글 클로저 컴파일러를 사용하면 두 가지 장점이 있다. 하나는 클
로저스크립트가 구글 클로저 라이브러리를 모두 이용할 수 있다는 것이
다. 구글 클로저 라이브러리 이외에 제이쿼리(JQuery)와 리액트(React)
같은 자바스크립트 라이브러리도 사용할 수 있다. 또 다른 장점은 구글
클로저 컴파일러가 정말로 똑똑하다는 것이다. 예를 들면 여러 가지 컴
파일 모드가 있는데, advanced 모드에서는 불필요한 코드를 제거하는
것과 같은 아주 놀라운 코드 최적화를 한다.

　클로저스크립트를 사용하려면 시작을 어떻게 해야 할까? 클로저스
크립트는 단순히 라이브러리이기 때문에 project.clj 파일에 의존성을
추가하면 라이닝언이 알아서 내려받는다. 앞의 예제를 계속 이어가서
cheshire-cat 프로젝트의 project.clj 파일에 다음 의존 라이브러리를 추
가하자.

```
[org.clojure/clojurescript "1.7.228"]
```

또한, 클로저스크립트를 더 쉽게 쓸 수 있게 도와주는 라이닝언 플러그
인을 사용할 것이다. lein-cljsbuild[6] 플러그인은 작업하는 동안 클로저
스크립트 코드를 자동으로 컴파일하고, 또한 클로저스크립트를 위한
REPL을 제공한다. :plugins 부분에 이 플러그인을 위한 의존성을 추가
하자.

```
:plugins [[lein-ring "0.9.7"]
          [lein-cljsbuild "1.1.1"]]
```

5　https://github.com/google/closure-compiler
6　https://github.com/emezeske/lein-cljsbuild

cljsbuild와 관련해서 프로젝트에 설정해 주어야 할 것이 더 있다. project.clj 파일에 :cljsbuild를 키로 하여 다음과 같이 추가하자.

```
:cljsbuild {
   :builds [{
      :source-paths ["src-cljs"] ; ❶
      :compiler {
        :output-to "resources/public/main.js" ; ❷
        :optimizations :whitespace ; ❸
        :pretty-print true}}]} ; ❹
```

❶ 어디에서 클로저스크립트 코드를 찾아야 할지를 cljsbuild에 알려 준다. 지금은 src-cljs라는 디렉터리 안에서 코드를 찾을 것이다(이 디렉터리를 생성해줄 필요가 있다).

❷ 클로저스크립트 코드를 컴파일한 후, 그 결과를 resources 디렉터리 안의 main.js라는 자바스크립트 파일로 기록한다.

❸ 구글 클로저 컴파일러의 최적화 모드는 whitespace이다. 이것은 공백문자들을 제거하는 것을 의미한다. 이 최적화 모드에서는 컴파일된 자바스크립트 코드를 보고 쉽게 디버깅할 수 있어서 개발 중에 사용하기 좋다. 배포용 코드에는 advanced 모드를 사용할 수 있다.

❹ :pretty-print는 결과 코드를 사람이 보다 읽기 좋도록 만들기 때문에 개발 중에 사용하면 좋다.

이제 전체 project.clj 파일은 다음과 같다.

```
(defproject cheshire-cat "0.1.0-SNAPSHOT"
  :description "FIXME: write description"
  :url "http://example.com/FIXME"
  :min-lein-version "2.0.0"
  :dependencies [[org.clojure/clojure "1.8.0"]
                 [compojure "1.4.0"]
                 [ring/ring-defaults "0.1.5"]
                 [ring/ring-json "0.4.0"]
                 [org.clojure/clojurescript "1.7.228"]]
  :plugins [[lein-ring "0.9.7"]
            [lein-cljsbuild "1.1.1"]]
  :ring {:handler cheshire-cat.handler/app}
  :profiles
  {:dev {:dependencies [[javax.servlet/servlet-api "2.5"]
                        [ring/ring-mock "0.3.0"]]}}
  :cljsbuild {
    :builds [{
        :source-paths ["src-cljs"]
```

```
    :compiler {
      :output-to "resources/public/main.js"
      :optimizations :whitespace
      :pretty-print true}}]})
```

이제 클로저스크립트 REPL로 테스트해 보자.

명령창을 열고 프로젝트의 루트 디렉터리에서 다음 명령을 입력한다.

```
lein trampoline cljsbuild repl-rhino
```

이것은 라이노(Rhino) 자바스크립트 엔진을 이용해 클로저스크립트 코드를 평가한다. 이는 가장 단순한 클로저스크립트 REPL이다.

클로저스크립트 REPL에서 입력을 기다리는 것을 볼 수 있다.

```
$ lein trampoline cljsbuild repl-rhino
Running Rhino-based ClojureScript REPL.
To quit, type: :cljs/quit
cljs.user=>
```

두 숫자를 더하는 것과 같은 간단한 코드를 실행해 보자.

```
cljs.user=> (+ 1 1)
;=> 2
```

이것은 보통의 클로저 REPL처럼 보인다. 하지만 사실 약간 다르다. 문자열의 클래스를 알아보려고 할 때 무슨 일이 생기는지 보자.

```
(class "hi")
;=> WARNING: Use of undeclared Var cljs.user/class ...
;   TypeError: Cannot call method "call" of undefined
```

우리는 더 이상 JVM상에 있지 않은 것이다. 자바스크립트에는 클래스가 없다. 하지만 다른 일을 할 수 있다. js/ 접두어를 사용하여 자바스크립트 함수를 가져다 쓸 수 있다. 예를 들어, 자바스크립트의 Date 함수를 사용할 수 있다.

```
js/Date
;=> #object[Date "function Date() { [native code for Date.Date, arity=1] }"]
```

괄호 안에서 Date 함수를 호출하여 실행시킬 수도 있다.

```
(js/Date)
;=> "Thu Jan 21 2016 11:23:52 GMT+0900 (KST)"
```

컬렉션과 그와 관련된 함수들은 모두 클로저와 동일하게 동작한다.

```
(first [1 2 3 4])
;=> 1
```

그러나 에이전트와 ref를 사용해서 동시성을 처리할 수는 없다. 하지만 아톰은 사용할 수 있다.

```
(def x (atom 0))
;=> #'cljs.user/x

(swap! x inc)
;=> 1
```

클로저와 클로저스크립트는 언어의 핵심적 구조와 특징은 공유하지만 차이도 있다는 점을 기억하는 것이 좋다. 다음은 알아두어야 할 주요 차이점이다.

- 클로저스크립트는 자바 대신 자바스크립트 코드를 가져다 쓴다.
- 아톰은 있지만, 에이전트나 ref는 없다.
- 클로저스크립트의 수는 정수와 부동소수만 지원한다.
- 물론, 클로저스크립트는 자바스크립트로 컴파일된다.

클로저스크립트는 클로저와 매우 비슷하지만 몇 가지 차이점이 있다.

지금까지 REPL에서만 클로저스크립트를 테스트했다. 그러나 우리는 브라우저와 상호작용하고 브라우저에서 HTML을 사용하기를 원한다. 이를 위해서는 설정이 조금 더 필요하다. 클로저스크립트 파일도 필요하고 그것을 보여주고 호출할 HTML 페이지도 필요하다.

project.clj의 :cljsbuild 설정에서, 클로저스크립트 파일이 프로젝트 루트의 src-cljs 디렉터리에 있다고 지정했다. 그래서 mkdir등의 명령을 이용해 그 디렉터리를 생성해야 한다.

다음으로, src-cljs 디렉터리에 core.cljs라는 클로저스크립트 파일을 다음과 같이 생성하자.

```
(ns cheshire-cat.core)

(defn ^:export init [] ; ❶
  (js/alert "hi")) ; ❷
```

❶ 이것은 브라우저에서 클로저스크립트가 실행되는 시작점이다. 이 함수는 ^:export 메타 데이터를 사용하는데, 이는 자바스크립트가 전역으로 호출할 수 있는 함수로 만든다. 왜 이렇게 해야 할까? 그 것은 구글 클로저 컴파일러가 파일의 크기를 줄이는 데 매우 적극적이기 때문이다. 함수 이름마저도 더 짧게 바꾼다. 하지만 project. clj에서 정의한 whitespace 최적화 옵션의 경우에는 이런 메타 데이터가 실제로는 필요하지 않다.

❷ 페이지를 로드할 때 "hi"를 보여주기 위해 자바스크립트 alert 함수를 호출하고 있다.

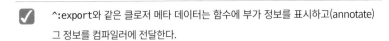 ^:export와 같은 클로저 메타 데이터는 함수에 부가 정보를 표시하고(annotate) 그 정보를 컴파일러에 전달한다.

resources/public 디렉터리에 다음의 cat.html 파일을 생성하자.

```
<!DOCTYPE html>
<html>
  <head>
    <title>Cheshire Cat</title>
  </head>
  <body>
    <div id="cat-name">Name</div> ; ❶
    <div id="status">Status</div> ; ❶

    <script type="text/javascript" src="main.js"></script> ; ❷
    <script type="text/javascript">cheshire_cat.core.init()</script> ; ❸
  </body>
</html>
```

❶ 지금은 단지 정적 텍스트이다. 그러나 곧 이것을 클로저스크립트로 바꿀 것이다.

❷ 브라우저가 로드할 자바스크립트 파일이다. 클로저스크립트 코드
는 cljsbuild에 의해 main.js 파일로 컴파일된다.

❸ 이것은 클로저스크립트의 시작점이다. 이름공간이 하이픈(-) 대신
밑줄(_)로 되어있다는 것에 주목하자. 위의 클로저스크립트 파일을
컴파일하면 이름공간과 함수 이름의 대시는 밑줄로 바뀐다. 그리고
이름공간과 함수 이름을 구분하는 "/"는 사용하지 않는다.

구동해 보자. 이를 위해서는 두 가지를 실행해야 한다. HTML 페이지를
서비스하기 위한 링 웹 서버와 클로저스크립트를 자바스크립트 main.js
파일로 컴파일하기 위한 cljsbuild 프로세스이다.

웹서버를 시작하기 위해(이전에 실행하지 않았다면), 다음을 실행
하자.

```
lein ring server
```

다른 터미널에서는 다음을 실행하자.

```
lein cljsbuild auto
```

이 명령은 core.cljs 파일을 자바스크립트로 컴파일하는 프로세스를 시
작한다. 이 프로세스는 파일에 변화가 있는지 계속 감시하고, 변화를 감
지하면 다시 컴파일한다.

터미널에서 core.cljs 파일이 컴파일되는 것을 볼 수 있다.

```
$lein cljsbuild auto
Watching for changes before compiling ClojureScript...
Compiling "resources/public/main.js" from ["src-cljs"]...
Successfully compiled "resources/public/main.js" in 8.4 seconds.
```

브라우저에서 http://localhost:3000/cat.html로 접속하면 그림 7-3처럼
보일 것이다.

그림 7-3. 클로저스크립트 웹 페이지

이제 첫 번째 클로저스크립트 웹 페이지를 만들었다!

cljsbuild가 자동으로 다시 컴파일하는지 보기 위해서 core.cljs 파일을 약간 수정해 보자. 예를 들면, 경고(alert) 메시지를 바꾸자.

```
(ns cheshire-cat.core)

(defn ^:export init []
  (js/alert "This is fun!"))
```

파일을 저장하면 터미널 창에서 파일이 다시 컴파일되는 것을 볼 수 있다.

```
Successfully compiled "resources/public/main.js" in 8.4 seconds.
Compiling "resources/public/main.js" from ["src-cljs"]...
Successfully compiled "resources/public/main.js" in 0.519 seconds.
```

이제 브라우저에서 cat.html 페이지를 다시 로드하면 새로운 경고(alert) 메시지를 볼 수 있다.

지금까지 무엇을 했는지 되돌아보자. 클로저스크립트와 lein-cljsbuild를 프로젝트에 추가하고, 변화가 있을 때마다 클로저스크립트 파일을 다시 컴파일하도록 설정하였다. 그리고 클로저스크립트 코드를 테스트하기 위해 REPL을 사용했다. 마지막으로, 클로저스크립트 파일을 만들고 HTML 페이지에서 호출하였다.

지금까지 독립형 REPL에서 클로저스크립트를 테스트했다. 그러나 더 많은 일을 할 수 있다. 브라우저를 REPL에 붙여서 REPL에서 수정하면 그 내용이 브라우저에 반영되게 할 수 있다. 즉 이전과 같은 도구를 사용해서 REPL에서 코드를 수정하면 눈앞에서 마법처럼 웹 페이지가 바뀌는 것이다. 이것은 프론트엔드 작업을 할 때 빠른 실험과 피드백을 할 수 있어 아주 좋다.

브라우저 접속 REPL

브라우저를 붙여서 사용하는 cljsbuild REPL이 있다. 현재의 클로저스크립트 REPL을 중지하고 다음처럼 REPL을 다시 시작하자.

```
lein trampoline cljsbuild repl-listen
```

이 명령은 9000번 포트로 수신하는 클로저스크립트 REPL을 시작한다.

```
$ lein trampoline cljsbuild repl-listen
Running ClojureScript REPL, listening on port 9000.
Compiling client js ...
Waiting for browser to connect ...
```

이제 클로저스크립트 코드에서 REPL과 연결할 필요가 있다. core.cljs 파일의 코드를 조금 바꿔주면 된다. 파일을 열어서 다음과 같이 수정하자.

```
(ns cheshire-cat.core
  (:require [clojure.browser.repl :as repl])) ; ❶

(defn ^:export init []
  (repl/connect "http://localhost:9000/repl")) ; ❷
```

❶ REPL 연결 기능을 사용하기 위해 clojure.browser.repl 이름공간을 사용한다.

❷ 이 코드는 브라우저를 REPL에 연결해서 경고(alert)창과 같은 부수 효과가 브라우저에서 나타나도록 한다.

다음으로 컴파일된 코드를 실행하고 브라우저를 REPL에 연결하기 위해서 웹 페이지를 다시 로드한다. 브라우저에서 http://localhost:3000/cat.html을 열자.[7]

---

7 (옮긴이) cljsbuild가 다시 컴파일해야 수정한 클로저스크립트 코드가 반영된다는 사실을 기억하자.

마지막으로 클로저스크립트 REPL에서 다음을 입력하자.

```
(js/alert "This is a browser connected REPL")
```

그러면 그림 7-4처럼 브라우저에 나타난다.

그림 7-4. 브라우저 접속 REPL에서 실행된 클로저스크립트

> 만약 브라우저에 경고창이 보이지 않으면 웹 페이지를 다시 로드하자.

이제 브라우저에서 코드를 평가하고, DOM을 조작하고, 상호작용할 수 있게 되었는데, 이것은 모두 클로저스크립트 REPL 덕분이다.

지금까지 프로젝트를 통해 웹 서버를 만들고, JSON으로 응답하는 / cheshire-cat/ 라우트를 추가했다. 또한 클로저스크립트로 동작하는 웹 페이지도 만들었다. 이제 남은 일은 클로저스크립트로 요청을 하고, JSON 응답을 받아 정보를 얻어오는 것이다. 이를 위해 클로저스크립트 HTTP 라이브러리인 cljs-http가 필요하다.

클로저스크립트와 cljs-http 라이브러리로 HTTP 호출하기

cljs-http는 클로저스크립트에서 HTTP를 다루는 아주 좋은 라이브러리이다. 더 재미있는 점은 core.async를 이용해서 호출을 비동기적으로 처리한다는 것이다. 클로저스크립트로 cheshire-cat 라우트에 요청을 보내는 코드를 작성해 보면서 그 작동 방식을 자세히 알아보자.

먼저 project.clj 파일에 cljs-http와 core.async 의존 라이브러리를 추가해 주어야 한다.

```
:dependencies [[org.clojure/clojure "1.8.0"]
               [compojure "1.4.0"]
               [ring/ring-defaults "0.1.5"]
               [ring/ring-json "0.4.0"]
               [org.clojure/clojurescript "1.7.228"]
               [cljs-http "0.1.39"]
               [org.clojure/core.async "0.2.374"]]
```

새로운 라이브러리를 내려받기 위해 `cljsbuild`를 재시작해야 한다.
`lein cljsbuild auto` 명령을 다시 실행하자.

core.cljs 파일에 다음 코드를 추가한다:

```
(ns cheshire-cat.core
  (:require-macros [cljs.core.async.macros :refer [go]]) ; ❶
  (:require [clojure.browser.repl :as repl]
            [cljs-http.client :as http] ; ❷
            [cljs.core.async :refer [<!]])) ; ❸

(defn ^:export init []
  (repl/connect "http://localhost:9000/repl")
  (go ; ❹
    (let [response (<! (http/get "/cheshire-cat"))] ; ❺
      (js/alert (:body response))))) ; ❻
```

❶ 이것은 클로저스크립트가 클로저와 다른 점이다. 클로저스크립트의 매크로는 클로저스크립트가 아니라 클로저로 작성하기 때문에 `:require-macros`라는 특별한 키워드로 참조한다. 여기서는 go 블럭을 사용할 것이다. cljs-http로 HTTP 호출을 할 때 core.async를 사용하기 때문에 go 블럭이 필요하다.

❷ `cljs-http.client`의 함수를 사용하기 위해 그 이름공간을 http라는 별칭으로 참조한다.

❸ 또한 core.async 라이브러리의 비동기 출력인 <!이 필요하다.

❹ 코드를 go 블럭으로 감싼다. 그 이유는 http/get이 반환하는 core.async 채널로부터 http 응답을 비동기적으로 받기 위해서이다.

❺ cheshire-cat으로 요청을 보내고, core.async의 <!로 비동기적으로 응답을 받는다.

❻ 마지막으로 응답의 본문을 웹 페이지의 경고창에 보여준다.

변경 사항을 저장한 후 웹 페이지를 다시 로드하면 그림 7-5와 같이 보일 것이다.

서버에서 데이터를 받았으니 이제 그 데이터로 DOM을 변경해 보자.

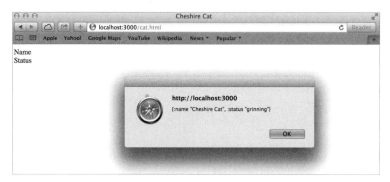

그림 7-5. 클로저스크립트에서 서버로부터 받은 JSON 응답

이를 위해 DOM을 조작하고 템플리팅(templating)하는 라이브러리인 인포커스를 소개한다.

클로저스크립트와 인포커스로 DOM 제어하기

인포커스(Enfocus)[8] 라이브러리를 사용하려면 의존 라이브러리로 추가해야 한다. project.clj 파일에 다음과 같이 추가한다.

```
:dependencies [[org.clojure/clojure "1.8.0"]
               [compojure "1.4.0"]
               [ring/ring-defaults "0.1.5"]
               [ring/ring-json "0.4.0"]
               [org.clojure/clojurescript "1.7.228"]
               [cljs-http "0.1.39"]
               [org.clojure/core.async "0.2.374"]
               [enfocus "2.1.1"]]
```

또한 cljsbuild를 재시작해야 한다는 것을 기억하자.

인포커스 라이브러리는 DOM을 변경하는 방식으로 작업을 한다. 예

---

8 https://github.com/ckirkendall/enfocus

를 들어 DOM 요소가 있으면 그 요소의 내용(content)을 설정하면서 변경할 수 있다. 앞에서 HTTP 호출을 통해 데이터를 가져왔으니 이 데이터를 cat.html 파일에 있는 노드 요소들의 내용으로 설정해 보자. 특히 우리가 원하는 것은 두 가지다.

- 응답으로 받은 데이터의 "name" 키의 값을 id가 "cat-name"인 div에 설정한다.
- 응답으로 받은 데이터의 "status" 키의 값을 id가 "status"인 div에 설정한다.

인포커스 라이브러리로 이러한 작업을 할 수 있다. DOM 변경은 at 함수를 쓰면 간단하게 처리된다. at 함수에 CSS 선택자를 문자열로 주어 어떤 DOM 요소를 변경할지 지정할 수 있다. 일단 변경할 노드를 지정하면 그 노드를 실제로 어떻게 변경할지 정할 수 있다. 이 예제에서는 노드의 내용(content)을 설정하기 때문에 content 함수를 사용한다. 아래 코드는 id가 "cat-name"인 DOM 요소를 선택하고, 그 요소의 텍스트를 "cheshire-cat"으로 설정한다.

```
(at "#cat-name" (content "cheshire-cat"))
```

core.cljs 파일을 열고 인포커스 코드를 추가한다.

```
(ns cheshire-cat.core
  (:require-macros [cljs.core.async.macros :refer [go]])
  (:require [clojure.browser.repl :as repl]
            [cljs-http.client :as http]
            [cljs.core.async :refer [<!]]
            [enfocus.core :as ef])) ; ❶
(defn ^:export init []
  (repl/connect "http://localhost:9000/repl")
  (go (let [response (<! (http/get "/cheshire-cat"))
            body (:body response)] ; ❷
        (ef/at "#cat-name" (ef/content (:name body))) ; ❸
        (ef/at "#status" (ef/content (:status body)))))) ; ❹
```

❶ enfocus.core 라이브러리를 불러들이고 그것을 ef로 참조한다.

❷ 응답의 본문(body)을 얻는다.

❸ 응답 본문의 :name 키의 값을 "cat-name" DOM 요소에 설정한다.

❹ 응답 본문의 :status 키의 값을 "status" DOM 요소에 설정한다.

수정한 내용을 저장하자. 그러면 cljsbuild가 자동으로 다시 컴파일한다. cat.html 페이지를 다시 로딩하면 그림 7-6과 같은 화면이 나타날 것이다.

그림 7-6. 클로저스크립트에서 인포커스 이용하기

인포커스의 at 함수는 선택자를 여러 개 지정하여 변경할 수 있기 때문에 cat-name과 status의 내용을 한꺼번에 변경할 수 있다.

```
(ef/at "#cat-name" (ef/content (:name body))
       "#status" (ef/content (:status body)))
```

그런데 하나의 선택자를 두 번 변경하고 싶다면? 예를 들어, status 요소의 내용을 설정한 후 그 텍스트를 크게 하고 싶다면? 먼저 노드나 요소에 스타일을 설정하는 함수가 필요하다. set-style이 이것을 위한 함수이다. 아래 코드는 노드의 폰트 크기를 기본 텍스트 크기의 500%로 설정한다.

```
(ef/set-style :font-size "500%")
```

다음 코드는 status 노드에 두 개의 변경을 적용하기 위해 인포커스의 do-> 함수를 사용한다.

```
(ef/at "#cat-name" (ef/content (:name body))
       "#status" (ef/do->
                     (ef/content (:status body))
                     (ef/set-style :font-size "500%")))
```

status 노드의 font-size를 설정하는 위의 코드를 core.cljs 파일에 추가한다.

```clojure
(ns cheshire-cat.core
  (:require-macros [cljs.core.async.macros :refer [go]])
  (:require [clojure.browser.repl :as repl]
            [cljs-http.client :as http]
            [cljs.core.async :refer [<!]]
            [enfocus.core :as ef]))

(defn ^:export init []
  (repl/connect "http://localhost:9000/repl")

  (go (let [response (<! (http/get "/cheshire-cat"))
            body (:body response)]
        (ef/at "#cat-name" (ef/content (:name body))
               "#status" (ef/do->
                           (ef/content (:status body))
                           (ef/set-style :font-size "500%"))))))
```

브라우저를 다시 로드하면 그림 7-7에서처럼 "grinning"이라는 단어가
큰 글씨로 보일 것이다.

그림 7-7. 클로저스크립트에서 인포커스로 변경하기

인포커스 라이브러리로 DOM을 변경하는 법을 배웠다. 그렇다면 이벤
트는 어떻게 처리할까? 예를 들어 버튼을 클릭하면 특정 클로저스크립
트 코드를 실행하는 것과 같이, 우리가 웹 페이지와 상호작용하려면 어
떻게 할까? 다행히도 인포커스 라이브러리는 이벤트를 처리할 수 있다.
다음 절에서 이것을 배울 것이다.

인포커스로 이벤트 처리하기

인포커스는 events라는 별개의 이름공간으로 이벤트를 처리하는 함수
를 제공한다. 그중에는 이벤트를 기다리고 있다가 이벤트가 발생하면
함수를 실행하는 listen 함수가 있다.

```
(listen :click (fn [event] ))
```

HTML 페이지에 버튼을 추가하고 클릭하면 어떤 일이 발생하는지 보자.

우선 cat.html 파일에 버튼을 추가하자.

```
<!DOCTYPE html>
<html>
  <head>
    <title>Cheshire Cat</title>
  </head>
  <body>
    <div id="cat-name">Name</div>
    <div id="status">Status</div>
    <button id="button1">Goodbye</button> ; ❶
    <script type="text/javascript" src="main.js"></script>
    <script type="text/javascript">cheshire_cat.core.init()</script>
  </body>
</html>
```

❶ id가 "button1"인 버튼을 추가한다.

다음으로 core.cljs의 클로저스크립트 코드를 고쳐서, 클릭 이벤트를 기다리고 있다가 클릭하면 경고창을 보여주자. 다행히도 listen 함수는 노드를 변경하는 또 다른 방식이어서 at 함수에서 선택자와 함께 호출하면 된다.

```
(ns cheshire-cat.core
  (:require-macros [cljs.core.async.macros :refer [go]])
  (:require [clojure.browser.repl :as repl]
            [cljs-http.client :as http]
            [cljs.core.async :refer [<!]]
            [enfocus.core :as ef]
            [enfocus.events :as ev])) ; ❶

(defn ^:export init []
  (repl/connect "http://localhost:9000/repl")

  (go (let [response (<! (http/get "/cheshire-cat"))
            body (:body response)]
        (ef/at "#cat-name" (ef/content (:name body))
               "#status" (ef/do->
                           (ef/content (:status body))
                           (ef/set-style :font-size "500%")))
        (ef/at "#button1" (ev/listen ; ❷
                            :click ; ❸
                            #(js/alert "bye!")))))) ; ❹
```

❶ 인포커스의 events 이름공간을 추가한다.

❷ id가 "button1"인 버튼 노드에 listen 이벤트를 설정한다.

❸ 클릭 이벤트를 기다리도록 지정한다.

❹ 버튼을 클릭하면 이 함수가 호출되어 "bye!"라는 내용의 경고창을
보여준다.

파일을 저장하고 웹 페이지를 다시 로드하자. [Goodbye] 버튼을 클릭
하면 그림 7-8과 같이 경고창을 볼 수 있다.

그림 7-8. 클로저스크립트에서 인포커스 이벤트 처리하기

하나만 더 해 보자. 인포커스는 애니메이션 같은 멋진 일도 할 수 있다.
체셔 고양이의 이야기에서처럼 버튼을 눌러 안녕이라고 하면 모든 것이
서서히 사라지게 할 수 있다. 그리고 "grinning" 텍스트가 다른 것보다
더 느리게 사라지게 할 수도 있다.

애니메이션 처리를 위한 이름공간인 effects의 fade-out 함수를 사용
한다. 이 함수는 애니메이션을 얼마나 지속할지 지정하는 정수 인수 하
나를 받는다.

```
(fade-out 500)
```

[Goodbye] 버튼을 클릭하면 호출되는 say-goodbye 함수를 core.cljs 파
일에 추가한다. cat-name과 버튼은 같은 속도로 사라지지만 "grinning"
텍스트는 더 느리게 사라진다.

```
(ns cheshire-cat.core
  (:require-macros [cljs.core.async.macros :refer [go]])
  (:require [clojure.browser.repl :as repl]
            [cljs-http.client :as http]
            [cljs.core.async :refer [<!]]
            [enfocus.core :as ef]
            [enfocus.events :as ev]
            [enfocus.effects :as ee])) ; ❶

(defn say-goodbye [] ; ❷
  (ef/at
   "#cat-name" (ee/fade-out 500) ; ❸
   "#button1" (ee/fade-out 500) ; ❸
   "#status" (ee/fade-out 5000))) ; ❹

(defn ^:export init []
  (repl/connect "http://localhost:9000/repl")

  (go (let [response (<! (http/get "/cheshire-cat"))
            body (:body response)]
    (ef/at "#cat-name" (ef/content (:name body))
           "#status" (ef/do->
                        (ef/content (:status body))
                        (ef/set-style :font-size "500%")))
    (ef/at "#button1" (ev/listen :click
                        say-goodbye)))))) ; ❺
```

❶ enfocus.effects 이름공간을 포함하고 ee라는 별칭으로 참조한다.

❷ 애니메이션을 구현할 say-goodbye라는 함수를 만든다.

❸ 이름과 버튼 노드를 500ms 동안 서서히 사라지게 한다.

❹ 상태 노드는 5000ms 동안 서서히 사라지게 한다.

❺ 버튼을 클릭하면 say-goodbye 함수를 호출한다.

파일을 저장하고, 웹 페이지를 다시 로드하고, 체셔 고양이에게 작별 인사를 하자. 이름과 버튼은 빠르게 사라지지만 grinning 텍스트는 느리게 사라진다(그림 7-9).

그림 7-9. 클로저스크립트에서 인포커스의 서서히 사라지는 효과 주기

지금까지 클로저스크립트로 클로저 웹 애플리케이션을 만들어 보았다! 몇 단계를 거쳐 멋진 웹 앱을 만들었다. 잠시 되돌아보는 시간을 갖자.

클로저와 클로저스크립트 웹 애플리케이션 요약정리

이 장에서는 웹 서버 구동과 클로저스크립트 소개, DOM 변경 및 이벤트 처리에 이르기까지 꽤 많은 내용을 다뤘다. 우리가 했던 모든 것을 핵심만 요약해 보자.

- 먼저 웹 서버를 만드는 일부터 시작했다. 라이닝언 컴포저 템플릿을 이용해서 만들었다.
- 단순한 text/HTML를 반환하는 cheshire-cat 라우트를 추가했다.
- 클로저에서 체셔 JSON 인코딩 라이브러리를 사용하는 법을 배웠고, 응답을 직접 JSON으로 만들어 반환했다.
- 링 미들웨어 JSON 라이브러리인 Ring-JSON을 사용해서 자동으로 JSON 응답을 반환하도록 했다.
- 클로저스크립트를 애플리케이션에 추가하고, cljsbuild를 사용할 수 있도록 프로젝트를 설정하는 법을 배웠다.
- 클로저스크립트 독립형 REPL과 브라우저 접속 REPL을 살펴보았다.
- 클로저스크립트로 cljs-http를 이용해 "cheshire-cat" 경로에서 데이터를 받았다.
- 마지막으로 인포커스 라이브러리를 이용해 서버에서 받은 데이터로 웹 페이지를 갱신하고, [Goodbye] 버튼을 눌렀을 때 웃는(grinning) 체셔 고양이가 서서히 사라지는 애니메이션을 보여주었다.

체셔 고양이 예제를 통해 웹서버, 컴포저로 라우팅하기, 클로저스크립트, 인포커스 라이브러리로 DOM 조작하기 등의 웹 프로그래밍의 기초를 다졌다. 다음으로 웹 애플리케이션을 개발할 때 유용한 라이브러리를 몇 개 더 소개하겠다.

다른 유용한 웹 개발 라이브러리들

처음 소개할 라이브러리 두 개는 서버단 HTML 렌더링 라이브러리이다. 즉, 웹 페이지의 HTML을 서버에서 만든다. 첫 번째 라이브러리는 히컵이다.

히컵을 이용해 HTML 만들기

히컵(Hiccup)[9]은 키워드로 시작하는 벡터를 사용해 HTML을 만든다. 다음이 그 예제이다.

```
(use 'hiccup.core)

(html ; ❶
  [:h1 "Hi there"] ; ❷
  [:div.blue "blue div" ; ❸
    [:div.yellow "yellow div" ; ❹
      [:div#bob "id bob"]]]) ; ❺
;=> "<h1>Hi there</h1>
;     <div class=\"blue\">blue div
;       <div class=\"yellow\">yellow div
;         <div id=\"bob\">id bob</div>
;       </div>
;     </div>"
```

❶ html은 히컵의 함수로, 인수로 받은 벡터들을 HTML 마크업 문자열로 변환한다.

❷ :h1으로 시작하는 벡터는 HTML의 h1 태그를 표시하고, 그 내용은 "Hi There" 텍스트이다.

❸ :div로 시작하는 벡터는 div 태그를 표시한다. 점(.) 뒤에 클래스명을 두어 클래스를 지정할 수 있다. 이 경우에 클래스는 blue이고, 그 내용은 "blue div"이다.

❹ 벡터를 중첩해서 div 안에 div를 넣을 수 있다. 이 div의 클래스는 yellow이고, 내용은 "yellow div"이다.

❺ 가장 안쪽에 있는 이 div는 id가 "bob"이다. id는 div 뒤에 샵(#)을 붙여 표시한다.

---

9 https://github.com/weavejester/hiccup

히컵은 서버단에서 HTML을 생성하는 간단한 방법이다. 같은 일을 다른 방법으로 처리하는 인라이브라는 라이브러리도 있다.

인라이브를 이용해 정적 HTML 파일을 템플릿으로 사용하기

인라이브(Enlive)[10]도 서버단에서 HTML을 생성하지만 다른 접근 방식을 취한다. 즉, 정적 HTML 파일을 템플릿으로 사용한다. 이 템플릿 파일을 가져와서 변경을 가한다. 이것은 인포커스 라이브러리와 대단히 유사하다. 실제로 인라이브는 인포커스와 매우 유사하게 보이는 at 형식의 변경을 갖고 있는데, 이는 인포커스가 인라이브의 영향을 받아 만들어졌기 때문이다. 예를 통해 간단히 살펴보자.

일단 인라이브 라이브러리를 불러들인 후에 HTML 코드 조각(snippet)을 정의한다.

```
(require '[net.cgrand.enlive-html :as enlive])

(def my-snippet (enlive/html-snippet
                "<div id='foo'><p>Buttered Scones</p></div>"))
```

코드 조각이 준비되었으니, at 형식을 이용해 이것을 변경할 수 있다. 다음 예제에서는 이 코드 조각을 받아 id가 "foo"인 div를 선택한 후 그 내용을 "Marmalade" 텍스트로 변경한다.

```
(enlive/at my-snippet [:div#foo] (enlive/html-content "Marmalade"))
```

사실, 위의 예제처럼 HTML 코드 조각을 직접 주기보다는 대개 외부 파일에 정의한다. 그래서 디자이너가 쉽게 그 외부 파일을 만들고 편집할 수 있다. 이런 식으로 코드 조각을 여러 개로 나눈 후 템플릿을 만들기 위해 결합할 수 있다. 그 결과 유연한 템플릿 시스템을 갖출 수 있어 웹 애플리케이션 프로젝트를 더 큰 규모로 쉽게 확장할 수 있다.

언급하고 싶은 또 다른 라이브러리는 웹 서버의 라우팅을 도와주는 리버레이터이다.

---

10 https://github.com/cgrand/enlive

내용 협상과 몇 가지 유용한 기능을 가진 리버레이터 사용하기

리버레이터(Liberator)[11]는 유용한 라이브러리로 링과도 잘 맞는다. 이 라이브러리로 할 수 있는 일들 중에서 특히 유용한 것은 내용 협상 (Content Negotiation)이다. 이것은 웹 서버가 JSON이나 평문(plain text), HTML 같은 다양한 매체 유형(media types)을 지원할 때 필요하다.

리버레이터는 Accept 요청 헤더의 매체 유형을 확인한 후 그에 따라 다른 응답을 할 수 있게 해준다. 다음은 링의 /cat 라우트에서 리버레이터의 내용 협상을 사용하는 간단한 예제이다.

```
(ANY "/cat" []
    (resource :available-media-types ["text/plain" ; ❶
                                      "text/html"
                                      "application/json"]
              :handle-ok ; ❷
              #(let [media-type
                     (get-in % [:representation :media-type])] ; ❸
                 (case media-type ; ❹
                   "text/plain" "Cat" ; ❺
                   "text/html" "<html><h2>Cat</h2></html>" ; ❻
                   "application/json" {:cat true})) ; ❼
              :handle-not-acceptable "No Cats Here!")) ; ❽
```

❶ 리버레이터의 resource 함수는 이 라우트에서 이용할 매체 유형을 정의한다. 이 경우에는 /cat 라우트가 text/plain, text/html, application/json 유형의 요청을 받는다.

❷ status 200을 처리하기 위한 resource 핸들러 함수를 정의한다.

❸ Accept 헤더의 매체 유형은 request 맵의 :representation 아래 :media_type 키에 저장되어 있다. 이 값을 media-type에 바인딩한다.

❹ media-type을 이용해 어떤 형식의 응답을 반환해야 할지 선택한다.

❺ text/plain 유형에 대한 응답이다.

❻ text/html 유형에 대한 응답이다.

❼ application/json 유형에 대한 응답이다.

---

11 https://github.com/clojure-liberator/liberator

❽ 요청 헤더가 어떤 매체 유형과도 일치하지 않을 때의 응답은 여기
　 서 처리된다.

cat 라우트가 호출되면 응답은 여러 가지가 될 것이다.

　Accept 헤더를 명시하지 않으면 그 요청은 아무 매체 유형이나 받는
다는 것을 의미한다. 이 경우 리버레이터는 이용 가능한 매체 유형 중에
서 첫 번째를 반환하는데, 위의 예에서는 text/plain이다.

```
$ curl -i http://localhost:3000/cat
HTTP/1.1 200 OK
Date: Thu, 21 Jan 2016 02:57:31 GMT
Vary: Accept
...
Content-Type: text/plain;charset=UTF-8
Content-Length: 3
Server: Jetty(7.6.13.v20130916)

Cat
```

Accept 헤더를 명시하면 요청한 매체 유형을 반환한다. json으로 요청
해 보자.

```
$ curl -i -H "Accept: application/json" http://localhost:3000/cat
HTTP/1.1 200 OK
Date: Thu, 21 Jan 2016 02:58:50 GMT
Vary: Accept
...
Content-Type: application/json;charset=UTF-8
Content-Length: 12
Server: Jetty(7.6.13.v20130916)

{"cat":true}
```

잘 작동한다. 이번에는 application/foo같은 사용할 수 없는 매체 유형
으로 요청해 보자.

```
$ curl -i -H "Accept: application/foo" http://localhost:3000/cat
HTTP/1.1 406 Not Acceptable
Date: Thu, 21 Jan 2016 02:59:44 GMT
...
Content-Type: text/plain;charset=UTF-8
Content-Length: 13
Server: Jetty(7.6.13.v20130916)

No Cats Here!
```

handle-not-acceptable에서 정해준 응답을 받는다.

리버레이터는 다른 멋진 기능들도 제공하는데, 예를 들면 최종 수정 시간이나 etags에 따라 조건부 요청(conditional request)을 처리할 수 있다. 이 라이브러리는 웹 애플리케이션을 만들 때 고려할 만한 가치가 있다.

서버에서 클라이언트로 데이터를 전송할 때 흔히 JSON을 사용하지만 리치 히키(Rich Hickey)와 코그니텍트(Cognitect)가 배포하는 트랜싯이 라는 방식도 있다.

JSON의 대안으로 작고 빠른 트랜싯 사용하기

트랜싯(Transit)[12]은 애플리케이션 간의 데이터 전송 포맷이자 라이브 러리이다. 트랜싯이 JSON보다 나은 점은 캐시 코드 시스템이 통합되어 있어 매우 작고 빠르다는 것이다. 트랜싯은 표준 기본 자료형을 지원하지만, 이를 확장하는 것도 가능하다.

트랜싯은 사용하기 쉽다. 데이터를 트랜싯으로 인코딩하려면 바이트 배열 출력 스트림(byte array output steam)과 트랜싯 라이터(transit writer)를 지정해야 한다.

```
(require '[cognitect.transit :as transit])
(import [java.io ByteArrayInputStream ByteArrayOutputStream])

(def out (ByteArrayOutputStream. 4096))
(def writer (transit/writer out :json))
```

이제 간단히 데이터를 쓸 수 있다.

```
(transit/write writer "cat")
```

트랜싯의 포맷은 어떤 모양일까? out 스트림의 문자열 표현을 통해 그 모습을 엿볼 수 있다.

```
(.toString out)
;=> "[\"~#'\",\"cat\"]"
```

---

12 https://github.com/cognitect/transit-cljs

트랜싯 입력 스트림에서 데이터를 읽어 오는 과정도 비슷하다. 입력 스트림(input stream)과 트랜싯 리더(transit reader)가 필요하다.

```
(def in (ByteArrayInputStream. (.toByteArray out)))
(def reader (transit/reader in :json))
```

간단히 데이터를 읽어들인다.

```
(transit/read reader)
;=> "cat"
```

트랜싯은 transit-cljs 라이브러리를 통해 클로저스크립트에서도 동작하기 때문에 클로저 웹 애플리케이션에서 사용하기에 아주 좋고 빠른 데이터 전송 포맷이다.

　클로저스크립트로 관심을 돌려 보면, 클로저스크립트 애플리케이션을 만들 때 옴이라는 아주 유명하고 강력한 라이브러리를 말하지 않을 수 없다.

옴을 사용해서 강력한 클라이언트 애플리케이션 만들기

옴(Om)[13]은 페이스북의 리액트(React)[14]를 위한 클로저스크립트 인터페이스이다. 옴은 웹 클라이언트 애플리케이션을 만들 때 사용할 수 있는 대단히 강력한 라이브러리이다. 이것은 컴포넌트(component)를 이용해 애플리케이션을 만든다. 이 라이브러리의 강점 중 하나는 반응형(reactive) 속성이다. 즉 애플리케이션의 상태값을 바꾸면 그 상태와 연동된 컴포넌트의 내용이 자동으로 바뀐다.

　리액트를 잘 알지 못하면 옴 애플리케이션을 만들기까지의 학습 곡선이 약간 가파르다. 다행히도 시작하기에 좋은 튜토리얼들이 많이 있다. 데이빗 놀렌(David Nolen)의 옴 기본 튜토리얼[15]을 읽어보면 좋다.[16]

---

13 https://github.com/omcljs/om
14 http://facebook.github.io/react
15 https://github.com/omcljs/om/wiki/Basic-Tutorial
16 (옮긴이) 리액트의 클로저스크립트 인터페이스는 옴(Om) 이외에 리에이전트(Reagent), 퀴센트 (Quiescent), 럼(Rum) 등이 있다. 각자 특징이 있으니 모두 살펴보고 선택하기를 권한다.

지금까지 템플릿, 라우팅, 전송 포맷, 클라이언트 애플리케이션과 같은 특정 주제를 다루는 라이브러리들에 대해 이야기했다. 하지만 웹 애플리케이션을 구축하는 포괄적인 방법을 제공하는 라이브러리도 있다. 그것은 호플론과 루미너스이다.

웹 개발을 위한 라이브러리를 포괄적으로 모아 놓은 호플론과 루미너스 사용하기

호플론(Hoplon)[17]은 웹 애플리케이션을 간단하게 만드는 것을 목표로 해서 많은 라이브러리를 모아놓았다. 이 라이브러리의 흥미로운 점은 호플론 컴파일러가 있다는 것이다. 이 컴파일러는 클로저스크립트로 작성된 페이지를 입력으로 받아 처리한다. 출력은 HTML과 자바스크립트이다. 호플론은 빌드 툴로 라이닝언 대신 부트(Boot)를 사용한다. 웹 애플리케이션을 이런 방식으로 작성하기까지 학습 곡선이 가파른 면이 있지만 시작하는 데 도움이 되는 좋은 문서들[18]이 있다.

루미너스(Luminus)[19]는 웹 애플리케이션을 만드는 데 필요한 라이브러리들의 모음 또는 마이크로 프레임워크이다. 루미너스는 링과 컴포저라는 친숙한 라이브러리를 기반으로 만들어졌고, 여러 라이브러리들을 모아 단순하고 빠른 웹 개발 환경을 제공하는 것을 목표로 한다. 루미너스에는 애플리케이션을 빠르게 작성할 수 있도록 세심하게 결정된, 디폴트 코드를 제공하는 프로젝트 템플릿[20]이 있다. 또한 루미너스의 사이트는 매우 훌륭한 문서[21]를 제공한다.

지금까지 많은 라이브러리들과 마이크로 프레임워크에 대해 이야기했지만, 아직 데이터베이스는 언급하지 않았다. 웹 개발에서 데이터베이스는 중요한 부분이지만, 클로저에서 데이터베이스 처리는 어렵지 않다.

---

17 http://hoplon.io
18 http://hoplon.io/#/getting-started
19 http://www.luminusweb.net
20 https://github.com/luminus-framework/luminus-template
21 http://www.luminusweb.net/docs

데이터베이스 다루기

클로저 웹 애플리케이션은 데이터베이스에 대해 (ORM같은) 어떤 특별한 작업을 하지는 않는다. 링 애플리케이션이 하는 일은 단지 데이터베이스에 읽고 쓰는 기능과 라우트를 생성하는 것이다. 어떤 데이터베이스를 사용할지, 그리고 어느 종류의 추상화를 이용할지에 따라 선택할 수 있는 라이브러리들은 많다. 몇 개만 예를 들어 보면, 저수준의 JDBC 랩퍼(wrapper)인 java.jdbc[22]가 있고 SQL 쿼리를 추상화한 코마(Korma)[23]도 있다. 또 다른 SQL 라이브러리로는 SQL 쿼리를 별도로 분리해 정의하고 사용할 수 있는 예스큐엘(Yesql)[24]이 있다. 데이터베이스에 접근할 수 있도록 미리 설정해 놓은 라이브러리를 원한다면 루미너스를 살펴보자.

리치 히키가 만든 불변(immutable)형 데이터베이스인 데이토믹(Datomic)[25]도 주목할 필요가 있다. 데이토믹은 특정 시점의 데이터베이스에 접근할 수 있는 기능[26]뿐만 아니라 풍부한 쿼리[27]도 제공한다.

이렇게 클로저 웹 프로그래밍의 영역은 풍부하고 다양하다. 이제 웹 개발의 기본을 알았으니 더 흥미진진한 분야로 여행을 떠나보자.

지금까지 여러분은 클로저와 그 생태계에 친숙해졌다. 이제 마지막까지 아껴온 클로저의 가장 강력한 기능 중 하나인 매크로(macro)를 살펴볼 시간이다.

---

22 https://github.com/clojure/java.jdbc
23 http://sqlkorma.com
24 https://github.com/krisajenkins/yesql
25 http://www.datomic.com
26 (옮긴이) 업데이트 시 기존 데이터를 지우지 않고 새로운 데이터를 추가하는 방식의 불변형이기 때문에 특정 과거 시점의 데이터에 접근할 수 있다.
27 (옮긴이) SQL이 아니라 선언형 논리 쿼리 언어인 데이터로그(Datalog)를 사용한다.

8장

매크로의 힘

이제 여러분은 클로저에 어느 정도 능숙해졌다. 이제 클로저가 편해졌으니, 언어 자체로 돌아가서 클로저의 고급 기능인 매크로에 대해 살펴보자. 매크로라는 이름 때문에 이렇게 말하면 이상할지도 모르지만 매크로는 단순성에 기반을 둔다. 이러한 단순성을 활용하면 막강한 힘을 얻을 수 있다.

사실 1장에서 다음과 같은 비밀 하나를 배웠다. 코드가 데이터! 비밀은 이 단순한 문장 안에 들어있다.

이러한 지식을 염두에 두고 클로저의 매크로에 한 발 다가가 탐험을 시작해 보자.

매크로 탐험하기

매크로는 강력하다. 그리고 굉장하다. 도대체 매크로는 정확히 무엇일까? 매크로는 클로저에서 메타 프로그래밍을 하는 방법이다.

 메타 프로그래밍은 그 언어로 된 프로그램을 데이터처럼 다루는 언어의 능력에서 비롯된다. 이것은 프로그램이 다른 프로그램을, 혹은 심지어 자기 자신을 수정하는 것을 가능하게 한다.

이러한 특별한 능력으로 무엇을 할 수 있을까? 실제로 매크로는 여러 가지 이점이 있다. 매크로로 할 수 있는 일은 다음과 같다.

- 자신만의 언어 기능을 새로 만들어서 구현할 수 있다.
- 프로그램 코드의 길이를 줄여서 간결하고 읽기 좋게 만들 수 있다.
- 패턴이나 반복되는 코드를 숨기고 그것을 단순한 매크로 호출로 바꿀 수 있다.

좀 더 쉽게 프로그래밍하기 위해 언어에 새로운 기능을 넣고 싶은가? 다른 언어에서는 프로그래머가 이런 일을 직접 하는 것이 불가능하다. 언어에 새로운 기능을 추가하기 위해서는 언어 개발자에게 추가해 달라고 하거나 직접 구현하여 요청해야 한다. 그러면 그 요청이 평가된다. 평가를 통과하면 테스트를 하게 된다. 마침내 모든 것을 통과하면 언어의 새로운 버전에서 그 기능을 사용할 수 있게 된다. 이 모든 작업은 시간이 걸린다. 매크로를 사용한다면 프로그래머가 기능을 바로 추가할 수 있다. 기다릴 필요도 없고 번거로운 절차도 없다.

사실 자세히 들여다보면 많은 클로저 코어의 식(expression)들이 실제로는 매크로이다. when이 바로 그런 경우이다. 다음은 when 식의 소스 코드를 보여주는데, defmacro 형식(form)을 이용해서 만든다.

```
(defmacro when ; ❶
  "Evaluates test. If logical true, evaluates body in an implicit do."
  {:added "1.0"} ; ❷
  [test & body] ; ❸
  (list 'if test (cons 'do body))) ; ❹
```

❶ defmacro를 사용하여 when이라는 매크로를 만든다.

❷ 언어의 어느 버전에 추가되었는지를 나타내는 맵이다.

❸ 논리적 검사식을 test 인수로 받고 식의 본문을 나머지 인수들인 body로 받았다.

❹ 이것은 if 문 안에 test 인수를 넣고 body 인수를 do로 감싼다. 여기서 do는 출력과 같은 부수 효과를 내는 식을 평가한다.

when 매크로는 코드로부터 코드를 만든다. 이는 클로저에서 코드는 데이터라는 사실을 이용하는 것이다. when 매크로는 코드를 받아 프로그램이 평가할 새로운 코드로 변환한다.

여기서 일어나는 과정을 확인하는 데 도움이 되는 도구가 macroexpand 함수이다. 이 함수는 매크로 형식(form)을 받아 매크로가 그것을 변환하면 결과 코드가 어떻게 보일지 알려준다.

다음은 when을 평가하여 문자열을 출력하는 예제이다.

```
(when (= 2 2) (println "It is four!"))
;; 화면에 "it is four!"가 출력된다.
```

macroexpand-1 함수를 사용하면 코드가 어떻게 확장되는지 알 수 있다. macroexpand-1 함수를 사용할 때는 확인하려는 코드에 인용 기호(')를 붙여야 한다. 이렇게 하면 코드는 실행되지 않고 데이터로 처리된다. 그래서 여기서는 when 형식에 '를 붙였다.

```
(macroexpand-1
  '(when (= 2 2) (println "It is four!")))
;=> (if (= 2 2)
;     (do (println "It is four!")))
```

이제 매크로가 어떤 것인지 봤으니, 직접 만들어 보자. 매크로를 사용하는 이유 중 하나는 패턴이나 반복되는 코드를 숨기고 간결한 매크로 호출로 바꾸는 것이다. 매크로가 이런 식으로 유용하게 쓰이는 사례를 하나 보도록 하자. 기존 코드를 더 좋은 코드로 리팩토링하면서 알아볼 것이다.

매크로 만들기

앞에서 『이상한 나라의 앨리스』에 등장하는 여러 인물들에 대한 코드를 작성했다. 이번에 작성할 코드는 하트의 여왕에게 그 인물들을 소개하는 것이다. 그들은 항상 공손하게 자신을 소개해야 하는데, 왜냐하면 여왕은 갖은 핑계로 목을 벨 구실을 찾기 때문이다.

```
(defn hi-queen [phrase] ; ❶
  (str phrase ", so please your Majesty."))
```

```
(defn alice-hi-queen [] ; ❷
  (hi-queen "My name is Alice"))

(alice-hi-queen) ; ❸
;=> "My name is Alice, so please your Majesty."

(defn march-hare-hi-queen [] ; ❹
  (hi-queen "I'm the March Hare"))

(march-hare-hi-queen) ; ❺
;=> "I'm the March Hare, so please your Majesty."

(defn white-rabbit-hi-queen [] ; ❻
  (hi-queen "I'm the White Rabbit"))

(white-rabbit-hi-queen) ; ❼
;=> "I'm the White Rabbit, so please your Majesty."

(defn mad-hatter-hi-queen [] ; ❽
  (hi-queen "I'm the Mad Hatter"))

(mad-hatter-hi-queen) ; ❾
;=> "I'm the Mad Hatter, so please your Majesty."
```

❶ hi-queen 함수를 정의한다. 이 함수는 phrase 인수를 받아 공손한 대답을 반환한다.

❷ alice-hi-queen 함수는 hi-queen 함수를 호출하는데 입력값으로 "My name is Alice"라는 문구를 사용한다.

❸ 평가가 되면 alice-hi-queen 함수는 공손한 자기 소개말을 반환한다.

❹ march-hare-hi-queen 함수는 입력값으로 "I'm the March Hare"라는 문구를 사용한다.

❺ 평가가 되면 march-hare-hi-queen 함수는 공손한 자기 소개말을 반환한다.

❻ white-rabbit-hi-queen 함수는 입력값으로 "I'm the White Rabbit"이라는 문구를 사용한다.

❼ 평가가 되면 white-rabbit-hi-queen 함수는 공손한 자기 소개말을 반환한다.

❽ mad-hatter-hi-queen 함수는 입력값으로 "I'm the Mad Hatter"라는 문구를 사용한다.

❾ 평가가 되면 mad-hatter-hi-queen 함수는 공손한 자기 소개말을 반환한다.

함수들에는 반복되는 부분이 있는데, 다음과 같은 패턴이 나타나는 것을 알 수 있다.

• 함수 이름은 등장인물의 이름에 "-hi-queen"을 붙인 것이다.
• 등장인물을 소개하는 문자열은 "so please your Majesty."라는 문구가 붙어서 반환된다.

심볼 이름과 소개 문자열이라는 두 개의 데이터가 있다면, 그 데이터들을 인수로 받는 함수를 매크로로 만들 수 있다.

 클로저의 심볼은 값을 참조한다는 것을 기억하자. 심볼이 평가되면 심볼이 참조하는 값이 반환된다.

매크로를 만들 때 가장 좋은 시작점은 마지막 결과이다. 매크로가 호출될 때 코드의 모양과 호출된 후의 코드의 모양을 머릿속에서 그려야 한다. 일단 최종 결과가 어떤 모양이 될지 안다면 매크로가 코드를 어떻게 변형해서 만들어야 하는지에 집중할 수 있다.

그래서 코드를 작성하기 전에 먼저 예제를 만들어보고 최종 결과가 어떤 모양이 될지 상상해 보자.

우리의 매크로는 함수의 심볼과 소개 문자열, 두 개의 정보로 호출되어야 한다. 매크로가 앞에서 정의했던 함수들을 만들기 때문에 이름을 def-hi-queen이라고 하자. 다음은 이 매크로가 호출되는 방식이다.

```
(def-hi-queen alice-hi-queen "My name is Alice")
```

최종 결과를 상상해 보자. 일단 이 매크로가 평가되면 다음과 같이 원래의 alice-hi-queen 함수가 만들어지기를 원하는 것이다.

```
(defn alice-hi-queen []
  (hi-queen "My name is Alice"))
```

최종 결과를 알고 있으니 defmacro로 이 매크로를 실제로 만들 수 있다.
코드가 데이터라는 것을 알기 때문에 최종 결과의 코드를 리스트로 만
들어 보자.

```
(defmacro def-hi-queen [name phrase] ; ❶
  (list 'defn ; ❷
        (symbol name) ; ❸
        [] ; ❹
        (list 'hi-queen phrase))) ; ❺
```

❶ def-hi-queen이라는 이름의 매크로를 만드는 데 함수의 심볼 이름
과 소개 문자열의 두 개의 인수를 받는다.

❷ 코드가 데이터이기 때문에 반환하는 데이터는 코드의 리스트이다.
코드 리스트의 첫 요소는 defn 심볼이다. 인용 기호를 심볼 앞에 붙
여서 매크로 안에서 평가되지 않도록 하는데, 단지 심볼 그 자체를
반환하기 위해서이다.

❸ name 인수로 심볼을 만든다.

❹ defn의 인수를 위한 벡터이다.

❺ 인용 기호가 붙은 hi-queen 함수와 소개 문자열 phrase로 된 리스트
를 반환한다. 매크로 안에서 평가되지 않고 코드 자체로 반환되기
를 원하기 때문에 인용 기호를 붙였다.

def-hi-queen 매크로를 만들었으니, 이 매크로를 호출하면 어떤 모양의
코드가 나오는지 보기 위해 macroexpand-1으로 호출하자.

```
(macroexpand-1 '(def-hi-queen alice-hi-queen "My name is Alice"))
;=> (defn alice-hi-queen []
;     (hi-queen "My name is Alice"))
```

정확히 우리가 원하는 모양이 나왔다. 실제로 이 매크로를 평가하면
alice-hi-queen 함수를 만들 수 있다.

```
(def-hi-queen alice-hi-queen "My name is Alice")
;=> #'user/alice-hi-queen
```

그리고 이제 alice-hi-queen 함수를 직접 호출할 수 있다.

```
(alice-hi-queen)
;=> "My name is Alice, so please your Majesty."
```

이제 원래의 코드를 리팩토링할 수 있다. 반복된 코드를 제거하고 그것을 매크로로 바꾼다.

```
(defmacro def-hi-queen [name phrase]
  (list 'defn
        (symbol name)
        []
        (list 'hi-queen phrase)))
;=> #'user/def-hi-queen

(def-hi-queen alice-hi-queen "My name is Alice")
;=> #'user/alice-hi-queen

(def-hi-queen march-hare-hi-queen "I'm the March Hare")
;=> #'user/march-hare-hi-queen

(def-hi-queen white-rabbit-hi-queen "I'm the White Rabbit")
;=> #'user/white-rabbit-hi-queen

(def-hi-queen mad-hatter-hi-queen "I'm the Mad Hatter")
;=> #'user/mad-hatter-hi-queen
```

모든 함수들이 매크로로 만들어졌으니 사용해 보자.

```
(alice-hi-queen)
;=> "My name is Alice, so please your Majesty."

(march-hare-hi-queen)
;=> "I'm the March Hare, so please your Majesty."

(white-rabbit-hi-queen)
;=> "I'm the White Rabbit, so please your Majesty."

(mad-hatter-hi-queen)
;=> "I'm the Mad Hatter, so please your Majesty."
```

더 간결한 방식으로 매크로를 만드는 방법이 있다. 템플릿이라는 기법을 사용하는 것이다.

템플릿을 이용해 매크로 만들기

클로저에서의 템플릿은 문법 인용(syntax-quote)이라는 것을 사용한다. 이것은 코드 앞에 `(백틱: backtick)을 붙이는 것이다. 이것은 코드를 리스트 형식의 데이터로 반환한다는 점에서 보통의 인용 기호와 아주 비슷하다.

다음은 보통의 인용 기호로 된 코드 리스트이다.

```
'(first [1 2 3])
;=> (first [1 2 3])
```

다음은 문법 인용을 사용한 코드 리스트이다.

```
`(first [1 2 3])
;=> (clojure.core/first [1 2 3])
```

여기서 하나의 차이점은 first 함수의 심볼 앞에 이름공간이 붙어 있다는 것이다. 다른 차이점은 문법 인용의 경우 탈인용(unquote)이라는 또 다른 템플릿 기호인 틸드(~)와 같이 사용할 수 있다는 것이다. 이들을 함께 사용하면 문법 인용에 값을 삽입할 수 있다. 이것은 결과 코드의 모양을 정교하게 조정할 수 있다는 의미이다.

보통의 문법 인용만으로는 다음 코드에서 x의 값을 결과 리스트에 넣을 수 없다. 이것은 문법 인용이 보통의 인용과 마찬가지로 평가를 막기 때문이다.

```
(let [x 5
  `(first [x 2 3]))
;=> (clojure.core/first [user/x 2 3])
```

반환된 코드는 x 심볼을 그대로 유지하는데, 실제 원하는 것은 5라는 값이다. 여기서 탈인용이 필요한데, 심볼 x를 그 값으로 평가하라는 의미이다.

```
(let [x 5
  `(first [~x 2 3]))
;=> (clojure.core/first [5 2 3])
```

문법 인용과 탈인용이라는 템플릿 도구를 사용해서, 리스트 함수를 쓰지 않고도 def-hi-queen 매크로를 더 간결하고 읽기 좋은 형식으로 다시 작성할 수 있다.

```
(defmacro def-hi-queen [name phrase]
  `(defn ~(symbol name) [] ; ❶
    (hi-queen ~phrase)))
```

❶ defn 형식에 `(문법 인용 기호)를 붙였다. 함수의 이름을 구하기 위해서 ~(탈인용 기호)로 name 인수를 받는 symbol 함수를 평가했다.

macroexpand-1 함수로 확인해 보면 이전과 똑같은 일을 한다는 것을 알 수 있다.

```
(macroexpand-1 '(def-hi-queen alice-hi-queen "My name is Alice"))
;=> (clojure.core/defn alice-hi-queen []
;      (user/hi-queen "My name is Alice"))
```

def-hi-queen 매크로로 정의한 함수를 사용해 보자.

```
(def-hi-queen dormouse-hi-queen "I am the Dormouse")
;=> #'user/dormouse-hi-queen

(dormouse-hi-queen)
;=> "I am the Dormouse, so please your Majesty."
```

지금까지 클로저 매크로의 기본을 배웠다.

매크로는 강력하지만 대가가 따른다. 매크로는 메타 프로그래밍이기 때문에 보통의 함수와는 달리 이해하기가 쉽지 않다. 또한 매크로를 작성하는 것은 더 어렵다. 예를 들어 map이나 filter같은 고차 함수에서 그 함수의 인수로 매크로는 사용할 수 없다. 보통의 함수로 할 수 있는 일이라면 매크로는 작성하지 않는 것이 좋은 규칙이다.

 꼭 필요한 게 아니라면 매크로를 사용하지 말자.

그럼 정확히 언제 매크로를 사용해야 할까? 코드를 평가하는 방식에서 함수로는 할 수 없는 일을 하고자 할 때이다. 이런 내용을 앞에서 본 when 매크로에서 확인할 수 있다. 함수에서는 인수들이 항상 함수 수행 전에 먼저 평가되는데 반해 when 매크로의 인수들은 평가되지 않은 채로 제어 구조에서 사용된다. 매크로를 사용하는 다른 이유는 함수가 평가되는 실행 시가 아니라 매크로가 평가되는 컴파일 시에 코드를 미리 평가하고 싶을 때이다. 마지막으로 매크로를 사용하는 또 다른 이유는 정상적인 함수의 문법으로는 평가할 수 없는 사용자 전용의 문법을 만들 때이다. 이런 경우에는 호출하기 전에 함수의 문법을 변형하게 된다.
지금까지 매크로에 대해 배운 것을 정리해 보자.

- 매크로는 클로저에서 메타 프로그래밍을 하는 방법이다.
- 매크로의 이점은 간결한 코드, 반복된 패턴 제거, 언어 기능 생성
  이다.
- defmacro와 보통의 list 함수로 매크로를 만드는 방법을 보았다.
- defmacro와 템플릿으로 매크로를 만드는 방법을 보았다.
- 매크로의 힘이 강력하다는 것과 그것을 절제해서 사용해야 한다는
  것을 보았다.

매크로를 마지막으로 클로저를 안내하는 여행을 마쳤다. 이 책의 전반
부를 끝낸 것이다. 이제 2부를 시작하는 데 필요한 모든 기술을 갖게 되
었다. 2부에서는 클로저 시작하기 훈련 프로그램이 시작된다. 2부에서
는 배운 기술을 연습하고, 새로운 사고방식을 익히고, 클로저의 삶을 시
작할 것이다.

> 아, 정말 이상한 꿈이었어!
>
> — 『이상한 나라의 앨리스』에서 모험을 마치며

2부

클로저 시작하기 훈련 프로그램

이 책의 2부에 온 것을 환영한다! 1부가 클로저를 시작하고 안내하는 여행이었다면 2부는 앞에서 배웠던 것을 자신의 것으로 만드는 체계적인 훈련 프로그램이다. 이 프로그램은 새로운 방식으로 생각하도록 연습하는 데 중점을 둔다.

새로운 언어를 배우는 것은 달리기를 배우는 것과 다르지 않다. 즉, 당신의 두뇌를 새로운 사고방식에 익숙해지게 만드는 것이다. 달리기 초보자는 너무 많은 것을 너무 빨리 이루려고 하기 때문에 문제가 생긴다. 전에 내가 달리기 훈련에 실패했을 때, 운 좋게도 Couch to 5K라는 앱을 알게 되었다. 이 앱은 몇 주에 걸친 점진적인 훈련 프로그램을 제공해서, 감당하지 못할 만큼 너무 많은 것을 이루고자 했던 나의 문제를 해결해 주었다. 새로운 언어를 배울 때도 마찬가지로 사람들은 너무 많은 것을 너무 빨리 이루려고 한다. 이 프로그램은 7주의 과정을 통해 점진적이면서도 체계적으로 훈련시킨다. 훈련을 마칠 때쯤에는 클로저로 생각하는 것이 편해지고 자신감도 생길 것이다. 더 중요한 것은 클로저 커뮤니티에 참여할 수 있는 정보와 도구를 갖게 되어 클로저의 방식으로 프로그래밍할 수 있게 된다.

9장

클로저 커뮤니티에 참여하기

훈련 프로그램을 시작하기 전에 클로저 프로그래밍에 도움이 되는 자료를 소개한다. 이 자료는 훈련 프로그램에도 유용하지만 실전 프로그래밍에도 도움이 된다. 클로저 커뮤니티 참여에 관한 정보도 있다.

첫 번째로 궁금해할 만한 내용은 클로저 관련 온라인 문서들을 어디에서 찾는가이다.

클로저 문서

클로저 언어에 대한 온라인 문서들은 꽤 많이 있다. 간략하게 살펴보자.

첫 번째 사이트는 클로저 문서의 본원이라 할 수 있는 클로저독스이다. 초보자에게 아주 유용한 사이트이고 커뮤니티에서 관리한다.

클로저독스

클로저독스(ClojureDocs)[1]에서는 클로저 함수나 매크로를 이름으로 찾아볼 수 있다. 예를 들어 comp 함수의 사용법이 정확히 기억나지 않는 경우 검색창에 이 함수명을 입력하면 그림 9-1과 같은 화면을 보게 된다.

1 http://clojuredocs.org

그림 9-1. 클로저독스 검색

그러면 이 함수에 대한 문서를 볼 수 있다. 이 문서에는 함수와 그 인수들에 대한 설명이 나와 있다.[2] 소스 코드를 볼 수 있는 링크도 있다. 하지만 무엇보다 좋은 것은 사용 예제들을 볼 수 있다는 것이다.

SEE ALSO 부분도 특히 초보자들에게 대단히 유용하다. 이것은 이미 알고 있는 함수와 비슷한 일을 하는 함수를 찾는 데 도움을 준다. 함수명이 기억나지 않을 때도 유용하다. 예를 들어 doseq의 SEE ALSO 부분에서 doall이나 dorun 함수를 찾을 수 있다.

또 다른 훌륭한 기능은 퀵 레퍼런스(Quick Reference)[3]이다. 이것은 언어에 대한 개괄이자 치트 시트(Cheat Sheet)이다. 함수 이름은 모르지만 특정한 기능과 관련해 훑어보고자 할 때 특히 유용하다. 예를 들어 컬렉션의 요소들을 검사하는 함수들에는 어떤 것들이 있는지 알 수 있다. 그리고 퀵 레퍼런스의 단순값(Simple Values) 부분을 보면 그림 9-2와 같은 내용이 보인다.

---

2 (옮긴이) 간단하게는 REPL에서도 doc 함수를 사용해 함수와 그 인수들에 대한 설명을 찾아볼 수 있다.

3 http://clojuredocs.org/quickref

그림 9-2. 클로저독스 퀵 레퍼런스

이름공간으로 함수들을 훑어볼 수도 있다. 이것은 특정 이름공간의 함수들을 찾아볼 때 유용하다. 예를 들어 clojure.set 이름공간에 어떤 함수들이 있는지 알고 싶다면 페이지 상단의 [Core Library][4] 링크를 클릭하고 페이지의 좌측에서 원하는 이름공간을 선택한다. 그림 9-3에서 clojure.set의 함수들을 볼 수 있다.

[4] http://clojuredocs.org/core-library

그림 9-3. 클로저독스 이름공간 훑어보기

커뮤니티에 의해 관리되기 때문에 클로저가 성장하면서 문서도 계속 성장하고 갱신된다. 여러분도 기여할 수 있다. 예제가 더 필요하다고 생각되는 부분이 있으면 자유롭게 문서를 갱신해서 모든 이를 위해 이 사이트를 더 나은 곳으로 만들 수 있다.

추천할만한 또 다른 클로저 문서 사이트로 그리므와가 있다.

그리므와

그리므와(Grimoire)[5]에서도 함수를 검색하고 코드 예제를 살펴볼 수 있다. 그리므와의 좋은 점은 메인 페이지가 클로저 언어에 대한 한 페이지짜리 치트 시트(Cheat Sheet)라는 것이다. 이 사이트는 간결해서 원하는 답을 매우 쉽게 찾을 수 있다(그림 9-4).

5 http://conj.io

그림 9-4. 그리므와 웹 사이트

소스를 직접 보는 것이 함수나 매크로의 작동 방식을 파악하는 가장 좋은 방법이다.[6]

소스 찾아보기

클로저에서 소스를 찾아보는 방법은 여러 가지가 있다. 앞에서도 언급했지만 클로저독스 같은 문서 사이트에는 소스 코드로 연결되는 링크가 있다. 또한, 클로저의 깃헙 프로젝트[7]에 가서 언제든 직접 소스 코드를 살펴볼 수 있다. 더 편리한 방법은 이맥스 같은 일부 에디터에서 소스 코드로 바로 갈 수 있는 명령키를 이용하는 것이다. 이 방법은 에디터를 떠나지 않고 소스에 접근할 수 있어서 아주 편리하다. 여러분이 택한 에디터에도 이런 기능이 있는지 확인해 보자.[8]

---

6 (옮긴이) 그리므와도 좋지만 클로저 공식 사이트의 치트 시트(http://clojure.org/cheatsheet)가 더 좋다.
7 https://github.com/clojure/clojure
8 (옮긴이) REPL에서도 source를 사용해 함수의 소스 코드를 볼 수 있다.

지금까지 클로저 언어 자체에 대한 문서를 어디에서 찾아볼 수 있는지에 대해 살펴봤다. 하지만 클로저 라이브러리의 경우에는 어떻게 해야 할까? 클로저로 된 SQL이나 레디스(Redis) 라이브러리를 찾고 싶다면? 어떤 라이브러리들이 있는지 알려면 어디로 가야 할까?

라이브러리 탐색하기

클로저 라이브러리를 찾고 어떤 라이브러리를 사용하는 것이 가장 좋은지 결정하는 데 도움을 주는 온라인 사이트가 여러 개 있다. 클로자는 4장에서 이미 언급했다.

클로자

클로자(Clojars)는 이미 이름을 알고 있는 특정 라이브러리를 찾을 때 좋다. 클로자에서 키워드로 검색하면 원하는 라이브러리를 찾을 수 있다. 예를 들어 레디스 클라이언트 라이브러리를 원하면 redis 키워드로 검색해 이 단어를 포함하는 모든 라이브러리를 찾을 수 있다. 그리고 깃헙에서 그 라이브러리들을 살펴보면 어느 것이 가장 적합한지 알수 있다. 클로자에서 이름으로 검색하는 것이 어떤 경우에는 좋지만 라이브러리 이름에 그 검색어가 없으면 찾기가 어렵다. 이런 경우 라이브러리를 찾을 수 있는 다른 방법이 있다. 클로저 생태계 전체를 살펴보고 어느 라이브러리가 가장 많이 사용되는지 알아볼 수 있는데, 바로 CrossClj 사이트가 이런 일을 한다.

CrossClj

CrossClj[9] 사이트는 클로자에 올라와 있는 라이브러리들이 다른 프로젝트들에서 얼마나 많이 쓰이고 있는지를 색깔로 표시해 보여 준다(그림 9-5).
많이 사용되는 라이브러리일수록 더 짙은 색깔로 표시된다. 이를 통해 프로젝트에서 사용하기 전에 그 라이브러리의 성숙도를 가늠해 볼

---

9 https://crossclj.info

수 있다. 또한 프로젝트명이나 이름공간, 함수 이름으로도 검색할 수 있다. 정말로 멋진 기능은 모든 라이브러리를 대상으로 특정 함수를 검색해 볼 수 있다는 것이다. 예를 들어 얼마나 많은 사람이 reduce 함수를 사용하고 있는지 알 수 있다. 또한, 모든 프로젝트의 모든 문서와 코드를 대상으로 전문(full-text) 검색을 할 수도 있다.[10] 이것의 한 예는 redis를 사용하는 라이브러리의 경우이다. redis로 검색하면 이 단어를 언급한 모든 라이브러리와 함수의 위치를 찾을 수 있다.

그림 9-5. CrossClj 웹 사이트

좋은 라이브러리를 찾을 때 이용할 수 있는 사이트가 두 개 더 있는데, 클로저웍스와 클로저 툴박스이다.

클로저웍스와 클로저 툴박스

클로저웍스(ClojureWerkz)[11] 사이트는 고품질의 오픈 소스 라이브러리들을 모아 놓은 곳으로, 클로저 사용을 편하게 하려는 실질적인 목적으로 고안되었다. 이 사이트는 해당 라이브러리들을 만든 프로그래머들이 직접 만들고 관리하고 있어 살펴볼 만한 가치가 있다(그림 9-6).

---

10 https://crossclj.info/docs.html
11 http://clojurewerkz.org

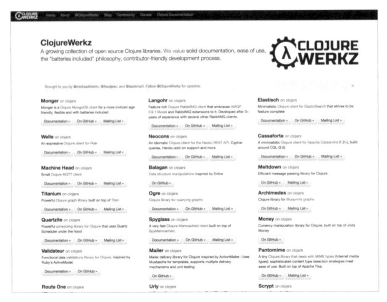

그림 9-6. 클로저웍스 웹 사이트

클로저 툴박스(Clojure Toolbox)[12]는 유명한 클로저 라이브러리들을
주제별로 분류해 모아 놓은 사이트이다(그림 9-7).

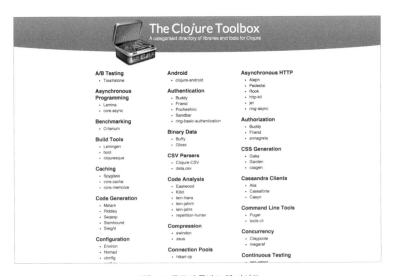

그림 9-7. 클로저 툴박스 웹 사이트

---

12 http://www.clojure-toolbox.com

클로저의 장점은 훌륭한 라이브러리가 많다는 사실에 그치지 않는다. 클로저 커뮤니티는 매우 활동적이어서 멋진 새 라이브러리들이 지금도 만들어지고 있다. 새로운 소식은 어디에서 접하면 좋을까?

클로저 뉴스

클로저에서는 새롭고 흥미진진한 일들이 아주 빠르게 일어나고 있다. 이런 변화에 보조를 맞추려면 새로 나온 라이브러리나 기존 라이브러리의 업그레이드 소식을 어디에서 찾을 수 있는지 알 필요가 있다. 라이브러리뿐만 아니라 클로저 생태계에서 일어나는 일들을 어디에서 알 수 있을까? 첫 번째로 언급할 곳은 클로저 메일링 리스트[13]이다. 구글 그룹스에 호스팅되어 있고 매우 활동적이다. 이곳에서 클로저 언어에 대한 뉴스와 클로저 라이브러리에 대한 발표 소식을 접할 수 있다. 이 메일링 리스트에 가입하면 클로저 세계에서 일어나는 일들을 바로 알 수 있다.

클로저 메일링 리스트가 훌륭하기는 하지만 모든 것을 알려주지는 않는다. 그래서 사람들은 블로그 글과 비디오로 새로운 아이디어를 매일 탐색한다.

이때 클로저 관련 블로그 글들을 모아 놓은 플래닛 클로저(Planet Clojure)[14]를 이용하면 좋다.

매일 쏟아지는 클로저 관련 정보를 얻고 싶다면 레딧(Reddit)의 클로저 게시판[15]을 확인해 보자. 사용자들이 클로저 커뮤니티에서 일어나는 재미있는 소식들을 많이 올린다.

트위터의 클로저 커뮤니티 역시 활발하다. 클로저 뉴스를 보려면 #clojure 해시태그(hashtag)로 간단히 검색하면 된다.

클로저 가제트(Clojure Gazette)[16]라는 주간 소식지도 있는데, 일주일 동안 일어난 가장 흥미로운 소식들을 전해준다. 에릭 노마드(Eric

---

13 https://groups.google.com/forum/#!forum/clojure
14 http://planet.clojure.in
15 https://www.reddit.com/r/Clojure
16 http://www.clojuregazette.com

Normad)가 관리하는 이 뉴스레터는 다양한 출처로부터 가장 흥미로운 소식들을 모아준다. 매일 매일의 세세한 소식들에 신경 쓸 필요 없이 선별된 정보를 얻을 수 있어 좋다. 다른 클로저 소식지로는 '(def newsletter)'[17]와 클로저 위클리(Clojure Weekly)[18]가 있다. 최신 소식을 얻는 것도 중요하지만 다른 클로저 프로그래머들과 만나 아이디어를 교환하는 일 역시 중요하다. 커뮤니티는 새로운 사람과 새로운 아이디어를 원한다. 클로저에 열정적인 사람들을 어디에서 만날 수 있는지 알아보자.

다른 클로저 프로그래머들 만나기

클로저 메일링 리스트와 트위터는 다른 클로저 프로그래머와 연락하며 아이디어를 교환할 수 있는 훌륭한 장소이다. 또 다른 좋은 방법은 프리노드(freenode)의 IRC #clojure 채팅 채널을 이용하는 것이다.

채팅하기

이전에 IRC를 사용해본 적이 없다면 이것이 무엇인지 궁금할 것이다. IRC는 채팅방의 네트워크이다. 특정한 채팅방을 채널이라 부르는데, Clojure 채널이 그 예이다. 채널은 여러 대의 서버에서 관리된다. 채널에 들어가려면 IRC 클라이언트가 필요하다. IRC 클라이언트는 많으니 마음에 드는 것을 선택하면 된다. 초보자라면 맥 사용자는 LimeChat[19], 리눅스 사용자는 Konversation[20], 윈도우 사용자는 mIRC[21]를 사용해보자. 위키하우(wikiHow)[22] 사이트에 좋은 튜토리얼들이 있다. 이맥스같은 에디터는 자체적으로 IRC를 지원한다. 클라이언트 프로그램을 설치하고 프리노드 서버에 접속한 후 #clojure 채널에 참여하면 된다. 자신

---

17 http://defnewsletter.com
18 http://reborg.tumblr.com
19 http://limechat.net/mac
20 https://konversation.kde.org
21 http://www.mirc.com
22 http://www.wikihow.com/Get-Started-with-IRC-(Internet-Relay-Chat)

의 사용자명을 입력하고 대화에 참여할 수 있다.

클로저 컨퍼런스에 참여하면 전 세계의 클로저 프로그래머를 만날 수 있다. 컨퍼런스는 사람들을 직접 만나고 훌륭한 강연에서 영감을 얻을 수 있는 좋은 기회이다. 클로저의 인기가 높아짐에 따라 점점 더 많은 컨퍼런스가 열리고 있지만 규모가 큰 것 몇 개만 언급하겠다.

컨퍼런스

- 클로저 콘제이(Clojure Conj)[23]는 최초의 클로저 컨퍼런스이자 여전히 최고의 컨퍼런스 중 하나이다.
- 클로저 웨스트(Clojure/West)[24]는 클로저 콘제이의 운영자가 주관하지만 미국 서부 지역에서 열린다.
- 유로 클로저(Euro Clojure)[25]는 유럽에서 가장 큰 컨퍼런스이다.
- 클로저 익스체인지(Clojure eXchange)[26]는 런던에서 열리는 수준 높은 컨퍼런스이다.
- 스트레인지 루프(Strange Loop)[27]는 알렉스 밀러(Alex Miller)가 주관하는 컨퍼런스로 클로저를 비롯해 많은 언어를 다룬다.
- 람다 잼(Lambda Jam)[28]은 함수형 언어들을 다루며 즉흥 발표도 이루어진다.

기회가 된다면 이들 컨퍼런스에 참가해 보기를 적극 권한다. 이것은 그 자체로 멋진 경험이면서 클로저 커뮤니티에 참여하는 계기가 될 것이다.

클로저 커뮤니티에 참여하는 또 다른 이점은 문제나 의문이 생겼을 때 도움을 구할 수 있다는 것이다.

---

23 http://clojure-conj.org
24 http://clojurewest.org
25 http://euroclojure.org
26 https://skillsmatter.com/conferences
27 https://thestrangeloop.com
28 http://www.lambdajam.com

문제가 생겼을 때 도움받기

가끔은 도움이 필요할 때가 있다. 문제에 빠져 막히면 너무나 괴롭지만 다행히도 도움을 청할 수 있는 친절한 클로저 프로그래머들이 있다. 문제에 따라 다를 수 있지만 도움을 받기에 좋은 곳을 나열해보겠다.

IRC

누군가와 채팅하면서 바로 답을 얻고 싶다면 이곳이 좋다. 많은 라이브러리들도 질문을 할 수 있는 자신만의 채널을 갖고 있다. 해당 라이브러리의 깃헙 프로젝트에 가서 채널이 있는지 확인해 보자.

메일링 리스트

메일링 리스트에 질문을 할 수도 있다. 응답이 IRC 채널보다 빠르지는 않지만 더 많은 사람이 볼 수 있다. 많은 라이브러리들에는 자신의 메일링 리스트가 있다.

트위터

질문이 하나의 트윗에 담길 만한 내용이면 빠른 응답을 받을 수 있는 좋은 방법이다.

스택오버플로우(StackOverflow)

깊이 있는 답변을 얻을 수 있는 좋은 사이트이다.

깃헙 이슈(GitHub Issues)

라이브러리를 사용하다가 문제가 생겼는데 그것이 버그라고 판단했다면 이슈로 등록할 수 있다. 더 좋은 것은 문제를 해결한 경우에 고친 코드를 보내는 것이다.

커뮤니티의 일원이 되면 도움을 얻을 수 있을 뿐만 아니라 사람들과 공동의 작업을 할 수도 있다.[29]

---

29 한국의 클로저 프로그래머들에게 도움을 받으려면 다음 커뮤니티를 추천한다.
　　1) 구글 그룹스의 한국 클로저 유저 그룹(https://groups.google.com/forum/#!forum/clojure-kr)
　　2) 페이스북의 클로저 코리아 그룹(https://www.facebook.com/groups/defnclojure/)

열정적인 클로저 프로그래머들과 함께 작업하기

이것은 커뮤니티 참여 방법 중 개인적으로 가장 좋아하는 방식이다. 클로저를 배울 수 있는 동시에 다른 사람들과 공동 작업을 할 수 있다. 참여하려면 어떻게 해야 할까?

첫 번째 방법은 위에서 이미 언급했다. 라이브러리를 사용하다가 문제를 발견하면 그것을 고치고 해결책을 공유하는 것이다. 깃헙을 사용하는 경우에는 수정한 코드의 반영을 요청하는 풀 리퀘스트(pull-request)를 보내면 된다.[30] 한 걸음 더 나아가 다른 사람들이 이슈로 등록한 문제를 보고 고칠 수도 있다. 또한 라이브러리를 개선하는 새로운 기능을 구현한 후 풀 리퀘스트를 보낼 수도 있다.

> 새로운 기능을 구현하려고 할 때 먼저 프로젝트 소유자에게 그 아이디어를 알리는 것이 좋다. 그 기능이 프로젝트에 대한 소유자의 생각에 잘 부합하는지 확인하고, 코딩 시작 전에 귀중한 조언을 받을 수도 있다.

클로저 언어 자체를 개선하는 데 참여할 수도 있다. 클로저 기여(contributing) 페이지[31]에서 기여 과정에 대한 정보를 찾을 수 있다. 먼저 기여자 협약서(Contributor Agreement)를 제출해야 한다. 그 후에 클로저 언어 개선에 대해 논의하는 Clojure-Dev 메일링 리스트[32]에 가입할 수 있다.

마지막으로 자신의 오픈 소스 프로젝트를 시작할 수 있다. 창의성을 발휘해 클로저 프로그램이나 라이브러리를 만들어보자. 메일링 리스트나 블로그, 채팅 채널을 통해 커뮤니티에 발표하는 것도 잊지 말자. 또한 프로젝트를 설명하는 명확한 문서를 만들자. 이때 어떻게 빌드하고 테스트할 수 있는지와 참여하는 방법을 문서에 포함하도록 하자.

---

30 https://help.github.com/articles/using-pull-requests
31 http://clojure.org/community/contributing
32 https://groups.google.com/forum/#!forum/clojure-dev

요약정리

클로저의 가장 좋은 점 중 하나는 커뮤니티이다. 클로저는 언어일 뿐만 아니라 사람들과 라이브러리들, 도구들, 공유되는 철학으로 이루어진 하나의 생태계이다. 커뮤니티에 참여하면 자신의 프로젝트에 도움을 받을 수 있고 개발자인 여러분 자신을 성장시키는 풍부한 자원을 발견할 것이다. 커뮤니티는 클로저 프로그래머로 성장해 나가는 데 도움이 될 것이다.

이제 커뮤니티에 참여하고 온라인에서 정보를 찾는 방법을 알아보았으니 다음 장으로 나아갈 차례이다. 지금까지 배운 모든 것을 다음 장의 클로저 시작하기 실습 프로그램에서 연습해 보자.

10장

클로저 시작하기 주간 훈련

여러분은 클로저 시작하기 훈련에 필요한 모든 기술과 도구를 익혔다. 이 장에서는 7주간의 훈련을 제공한다. 이를 통해 클로저에 더 익숙해지고, 클로저 커뮤니티의 도움을 받고 자료를 활용할 기회를 얻게 될 것이다.

이 훈련을 이용하는 방법

이 훈련 프로그램은 7주 동안 체계적으로 진행된다. 각 주마다 일정에 맞게 준비된 5일 치의 문제가 있다. 문제를 푸는 데 대략 30분 내지 1시간 정도의 시간이 걸릴 것이다. 중요한 것은 훈련 기간 동안 규칙적으로 클로저 기술을 연습해야 한다는 사실이다. 이를 통해 여러분의 두뇌는 새로운 방식으로 사고하는 데 익숙해질 것이다. 처음 3주 동안은 4Clojure 웹 사이트[1]에 있는 문제들을 푸는 데 집중한다. 그다음 3주 동안은 루이스 캐롤과 『이상한 나라의 앨리스』와 관련된, 프로젝트 중심의 프로그래밍 문제를 풀어나간다. 마지막 주에는 직접 클로저 웹 애플리케이션을 만들어 허로쿠(Heroku)에 올리게 된다. 매주 어떻게 시작해야 할지 알려주는 단계적인 지시사항이 있다.

[1] http://www.4clojure.com

진도를 빨리 나가 단번에 모든 것을 해치우고 싶은 마음도 들 것이다. 그렇게 할 수도 있지만 너무 많은 것을 단번에 이루려 하지 말고 계획에 따라 천천히 진행해 나갈 것을 권한다.

일정이 하루나 이틀 밀리면 어떻게 할까?

너무 걱정하지 말자. 이것은 경주가 아니다. 하루나 이틀 밀리더라도 거기서부터 계속해서 풀어나가면 된다.

문제가 이해되지 않는다면?

괜찮다. 걱정하지 말자. 이 책에서 여러분은 이미 클로저의 기본을 갖추었다. 그뿐 아니라 여러분은 온라인상의 어디에서 문서를 찾을지 그리고 어디에서 문제에 대한 도움을 구하고 질문할지를 9장에서 배워서 알고 있다.

또한 여러분이 편안한 마음으로 풀 수 있도록 새로운 훈련이 시작될 때마다 맛보기로 한 두 개의 문제를 함께 풀 것이다. 그 후 나머지는 각자 풀도록 하자.

이제 시작해 보자.

1주차

그림 10-1에 보이는 멋진 4Clojure 웹 사이트의 도움을 받아 클로저를 연습할 것이다.

클로저로 만든 이 사이트에는 빈칸을 채우는 방식을 의미하는 코안 방식(koan-style)[2]의 문제들이 있다. 각 문제는 빈칸이 있는 구문들로 이루어져 있는데 빈칸을 채워서 모든 구문이 true를 반환하도록 만들어야 한다.

---

2 (옮긴이) 코안은 '공안'의 일본식 발음이다. 공안은 단답형의 선문답식 문제풀이를 의미한다.

그림 10-1. 4Clojure 웹 사이트

익숙해지기 위해 몇 개의 문제를 같이 풀어 보자.

4Clojure 웹 사이트에서 [Problem List]를 클릭해 보자. 두 번째 페이지에서 '진실만을(Nothing but the Truth)[3]'을 선택하면 다음과 같은 내용을 보게 될 것이다.

다음은 클로저 형식(form)이다. 이 형식이 참으로 평가되도록 값을 입력하라. 너무 많이 생각하지는 말고, 잘 모르겠으면 getting started 페이지를 보라. 힌트: true는 true와 같다.

```
(= __ true)
```

이 식이 true로 평가되도록 하는 값으로 빈칸을 채우면 된다. 그래서 true가 정답이다.

이 문제의 경우에는 그림 10-2에서처럼 웹 페이지 하단의 코드 창에 true와 동일한 값인 (not false)가 이미 채워져 있다.

---

3 https://www.4clojure.com/problem/1

그림 10-2. 4Clojure 문제 1

녹색 [Run] 버튼을 클릭해서 답을 보내자. 그러면 웹 사이트는 보낸 답으로 테스트를 실행해보고 문제가 풀렸는지를 알려 준다. 회원으로 등록해서 로그인하면 진도를 확인할 수 있다. 잠깐이면 되니 지금 바로 회원으로 등록하자.

문제를 하나 더 풀어보자. 이번에는 '간단한 계산(Simple Math)[4]' 문제를 선택하자.

식이 true로 평가되도록 문제를 풀면 된다. 먼저 할 일은 빈칸에 어떤 값을 넣어야 같아지는지 확인하는 것이다.

```
(= (- 10 (* 2 3)) __)
```

계산해 보면,

- (* 2 3)은 6으로 평가된다.

---

4   https://www.4clojure.com/problem/2#prob-title

- (− 10 6)은 4이다.
- (= 4 __)의 빈칸을 채울 숫자를 찾는다.

정답은 4이다. [Run] 버튼을 클릭해서 답이 맞는지 확인해 보자.

답이 4로 나오는 식이라면 모두 올바른 답으로 처리된다. 예를 들어 (+ 2 2)도 테스트를 통과한다.

이 사이트의 좋은 점 중 하나는 로그인하면 다른 사람들을 팔로우(follow)할 수 있다는 것이다.[5] 이것은 일단 문제를 풀었다면 그 문제를 다른 사람들은 어떻게 풀었는지 확인할 수 있다는 것을 의미한다. 다른 사람들이 어떻게 그 문제를 풀었는지 보면서 배우는 것은 매우 효과적인 방법이다. 문제를 풀다가 막혀서 도움이 필요하면 4Clojure 구글 그룹스[6]를 활용하자.

웹 사이트에서 직접 풀 수도 있고, REPL에서 풀 수도 있고, 라이닝언 프로젝트를 만들어 문제풀이를 관리할 수도 있다. 자신이 편한 방식을 선택하면 된다.

준비되었으면 시작해 보자. 주어진 식이 true가 되도록 두 개의 밑줄로 표시된 빈칸을 채우는 것이 목표임을 기억하자.

1일차

준비 운동 차원에서 쉬운 문제부터 시작하겠다. 문제의 제목들은 4Clojure 문제의 제목과 같다. 문제 URL을 따라 웹 사이트로 가서 문제를 풀어보자.

문제를 푸는 데 도움이 되는 내용

- "클로저 데이터를 컬렉션에 담기" (7쪽)
- "집합을 사용해 유일한 데이터의 컬렉션 표현하기" (15쪽)
- "자바 코드 가져다 쓰기" (83쪽)

---

5 (옮긴이) maximental, chouser, daowen, amalloy, hypirion 같은 사용자 아이디를 팔로우하면 좋은 코드를 볼 수 있다.
6 https://groups.google.com/forum/#!forum/4clojure

문자열 소개(Intro to Strings)

문제 URL: https://www.4clojure.com/problem/3

클로저의 문자열은 자바의 문자열이다. 그래서 클로저 문자열을 다룰 때 자바의 문자열 메소드를 그대로 사용할 수 있다.

```
(= __ (.toUpperCase "hello world"))
```

리스트 소개(Intro to Lists)

문제 URL: https://www.4clojure.com/problem/4

리스트는 함수나 인용 기호로 생성할 수 있다.

```
(= (list __) '(:a :b :c))
```

리스트: conj(Lists: conj)

문제 URL: https://www.4clojure.com/problem/5

conj 함수는 하나의 리스트를 받아서 하나 이상의 요소들을 그 앞부분에 추가한 새 리스트를 반환한다.

```
(= __ (conj '(2 3 4) 1))
(= __ (conj '(3 4) 2 1))
```

벡터 소개(Intro to Vectors)

문제 URL: https://www.4clojure.com/problem/6

벡터는 여러 가지 방법으로 생성할 수 있다. 벡터는 리스트와 비교할 수 있다.

```
(= [__]
   (list :a :b :c)
   (vec '(:a :b :c))
   (vector :a :b :c))
```

벡터: conj(Vectors: conj)

문제 URL: https://www.4clojure.com/problem/7

conj 함수는 하나의 벡터를 받아서 하나 이상의 요소를 뒷부분에 추가한 새 벡터를 반환한다.

```
(= __ (conj [1 2 3] 4))
(= __ (conj [1 2] 3 4))
```

집합 소개(Intro to Sets)

문제 URL: https://www.4clojure.com/problem/8

집합은 유일한 값들의 컬렉션이다.

```
(= __ (set '(:a :a :b :c :c :c :c :d :d)))
(= __ (clojure.set/union #{:a :b :c} #{:b :c :d}))
```

집합: conj(Sets: conj)

문제 URL: https://www.4clojure.com/problem/9

conj 함수는 하나의 집합을 받아서 하나 이상의 키를 추가한 새 집합을 반환한다.

```
(= #{1 2 3 4} (conj #{1 4 3} __))
```

맵 소개(Intro to Maps)

문제 URL: https://www.4clojure.com/problem/10

맵은 키-값 쌍을 저장한다. 맵과 키워드는 둘 다 요소를 찾는 함수로 사용될 수 있다. 쉼표를 사용해 맵을 읽기 쉽게 할 수는 있지만 필수적인 것은 아니다.

```
(= __ ((hash-map :a 10, :b 20, :c 30) :b))
(= __ (:b {:a 10, :b 20, :c 30}))
```

맵: conj(Maps: conj)

문제 URL: https://www.4clojure.com/problem/11

conj 함수는 하나의 맵을 받아서 하나 이상의 키-값 쌍을 추가한 새 맵을 반환한다.

```
(= {:a 1, :b 2, :c 3} (conj {:a 1} __ [:c 3]))
```

시퀀스 소개(Intro to Sequences)

문제 URL: https://www.4clojure.com/problem/12

클로저의 모든 컬렉션은 시퀀스 연산을 지원한다. 시퀀스에 second나 last 같은 함수를 적용할 수 있다.

```
(= __ (first '(3 2 1)))
(= __ (second [2 3 4]))
(= __ (last (list 1 2 3)))
```

2일차

 문제를 푸는 데 도움이 되는 내용

- "함수 만들기" (23쪽)
- "심볼과 바인딩의 기술" (20쪽)
- "함수형 프로그래밍에서의 데이터 변환" (57쪽)

시퀀스: rest(Sequences: rest)

문제 URL: https://www.4clojure.com/problem/13

rest 함수는 첫 요소를 제외한 나머지 모든 요소들의 시퀀스를 반환한다.

```
(= __ (rest [10 20 30 40]))
```

함수 소개(Intro to Functions)

문제 URL: https://www.4clojure.com/problem/14

클로저에서 함수를 만드는 방법은 여러 가지가 있다.

```clojure
(= __ ((fn add-five [x] (+ x 5)) 3))
(= __ ((fn [x] (+ x 5)) 3))
(= __ (#(+ % 5) 3))
(= __ ((partial + 5) 3))
```

두 배로 만들기(Double Down)

문제 URL: https://www.4clojure.com/problem/15

두 배의 숫자를 반환하는 함수를 작성하라.

```clojure
(= (__ 2) 4)
(= (__ 3) 6)
(= (__ 11) 22)
(= (__ 7) 14)
```

헬로 월드(Hello World)

문제 URL: https://www.4clojure.com/problem/16

이름이 들어간 인사말을 반환하는 함수를 작성하라.

```clojure
(= (__ "Dave") "Hello, Dave!")
(= (__ "Jenn") "Hello, Jenn!")
(= (__ "Rhea") "Hello, Rhea!")
```

시퀀스: map(Sequences: Maps)

문제 URL: https://www.4clojure.com/problem/17

map 함수는 두 개의 인수를 받는데, 함수(f)와 시퀀스(s)이다. map은 시퀀스 s의 각 요소에 함수 f를 적용한 결과들로 이루어진 새로운 시퀀스를 반환한다. map 함수와 맵 자료구조를 혼동하지 말자.

```clojure
(= __ (map #(+ % 5) '(1 2 3)))
```

시퀀스: filter(Sequences: filter)

제목 URL: https://www.4clojure.com/problem/18

filter 함수는 두 개의 인수를 받는데 진위 함수(f)와 시퀀스(s)이다. filter는 시퀀스의 각 요소가 진위 함수의 인수로 들어가는데, 이때 진위 함수가 참을 반환하는 요소만으로 이루어진 새로운 시퀀스를 반환한다.

```
(= __ (filter #(> % 5) '(3 4 5 6 7)))
```

지역 바인딩(Local bindings)

문제 URL: https://www.4clojure.com/problem/35

클로저에서 특수 형식(special form)인 let을 이용하면 값을 지역 심볼에 바인딩할 수 있다.

```
(= __ (let [x 5] (+ 2 x)))
(= __ (let [x 3, y 10] (- y x)))
(= __ (let [x 21] (let [y 3] (/ x y))))
```

let 사용하기(Let it Be)

문제 URL: https://www.4clojure.com/problem/36

지역 심볼 x, y, z에 값을 바인딩해 다음 식들이 모두 참이 되도록 만들어라.

```
(= 10 (let __ (+ x y)))
(= 4 (let __ (+ y z)))
(= 1 (let __ z))
```

3일차

 문제를 푸는 데 도움이 되는 내용

- "재귀" (54쪽)
- "함수형 프로그래밍에서의 데이터 변환" (57쪽)

정규식(Regular Expressions)

문제 URL: https://www.4clojure.com/problem/37

클로저에서 정규식은 문자열 앞에 "#"을 붙인다. re-seq 함수는 주어진 문자열에서 정규식에 일치하는 부분의 시퀀스를 반환한다. 예를 들어 문자열에서 "jam"과 일치하는 부분을 찾고 싶다면 다음과 같이 하면 된다.

```
(re-seq #"jam" "I like jam in my jam ")
;=> ("jam" "jam")
```

정규식 패턴은 리더(reader) 매크로[7]를 사용하는데 이것은 일반 매크로와는 다르다. 리더는 특별한 문자가 들어오면 특별한 처리를 한다. 문자열 앞에 '#'이 붙으면 리더는 정규식으로 인식한다.

　이 문제에서는 apply 함수도 사용하는데, 함수 하나를 인수로 받아 그것에 인수 리스트를 적용한다.

```
(apply str [1 2 3])
;=> "123"
```

이제 문제를 풀어보자.

정규식 패턴은 특별한 리더(reader) 매크로를 통해 지원된다.

```
(= __ (apply str (re-seq #"[A-Z]+" "bA1B3Ce ")))
```

단순 재귀(Simple Recursion)

문제 URL: https://www.4clojure.com/problem/57

재귀 함수는 자기 자신을 호출하는 함수로, 함수형 프로그래밍에서 사용하는 기본적인 기법의 하나다.

```
(= __ ((fn foo [x] (when (> x 0) (conj (foo (dec x)) x))) 5))
```

7　(옮긴이) 클로저에서 리더 매크로는 일반적으로 # 기호로 시작한다.

recur 재귀(Recurring Theme)

문제 URL: https://www.4clojure.com/problem/68

클로저는 반복(loop) 구문을 한 개만 제공하는데, 그것은 스택을 소모하지 않는 recur이다. 함수나 loop 구문이 recur의 재귀 지점으로 사용된다. 어떤 방식이든 recur는 재귀 지점의 심볼들에 전달받은 값을 다시 바인딩한다. recur는 꼬리 위치(tail-position)에서 호출되어야 하며, 그 이외의 지점에서 호출되면 에러가 난다.

 꼬리 위치는 식에서 값을 반환하는 곳이다. 즉, 함수에서 맨 마지막으로 평가되는 위치이다.

```
(= __
  (loop [x 5
          result []]
    (if (> x 0)
      (recur (dec x) (conj result (+ 2 x)))
      result)))
```

코드 재배열: -> (Rearranging Code: ->)

문제 URL: https://www.4clojure.com/problem/71

이 문제는 스레드 퍼스트(thread-first) 매크로 ->를 사용한다. 이 매크로는 식을 실행 순서대로 나열해서 코드의 가독성을 높여 준다. 함수를 여러 번 중첩하는 대신 이것을 사용하면 정말로 유용하다. 예를 들어 리스트에서 첫 번째 요소를 가져온 후 그것을 문자열로 바꾸고 그 결과를 다시 대문자로 바꾸는 경우 다음과 같이 할 수 있다.

```
(.toUpperCase (str (first [:cat :dog :fish])))
;=> ":CAT"
```

스레드 퍼스트 매크로를 사용하면 다음과 같이 다시 쓸 수 있다.

```
(-> [:cat :dog :fish] first str .toUpperCase)
;=> ":CAT"
```

이 매크로를 사용하면 코드의 가독성이 높아지고 간결해진다.

스레드 퍼스트 매크로 ->는 식 x를 그 뒤의 형식들에 연속해서 통과시킨다. x가 그 뒤의 첫 번째 형식의 두 번째 요소로 삽입되는데, 그 형식이 리스트가 아니면 리스트로 만든 후 삽입된다. 그다음 첫 번째 형식이 두 번째 형식의 두 번째 요소로 삽입되는데, 마찬가지로 필요하면 리스트로 만든다. 이 과정이 모든 형식들을 대상으로 계속된다. 이 스레드 퍼스트 매크로를 사용하면 코드의 가독성이 높아진다.

```
(= (__ (sort (rest (reverse [2 5 4 1 3 6]))))
  (-> [2 5 4 1 3 6] (reverse) (rest) (sort) (__))
  5)
```

코드 재배열: ->> (Rearranging Code: ->>)

문제 URL: https://www.4clojure.com/problem/72

이 문제는 스레드 라스트(thread-last) 매크로 ->>를 사용한다. 이 매크로는 스레드 퍼스트 매크로와 대단히 유사하다. 중요한 차이점은 식을 마지막 인수로 하여 형식들에 연속해서 통과시킨다는 것이다. 이것이 특히 유용한 경우는 컬렉션을 마지막 인수로 받는 map이나 filter, take 같은 함수들을 연이어 처리하고 싶을 때이다.

```
(->> [1 2 3 4 5 6 7 8] (filter even?) (take 3))
;=> (2 4 6)
```

스레드 라스트 매크로 ->>는 식 x를 그 뒤의 형식들에 연속해서 통과시킨다. x가 그 뒤의 첫 번째 형식의 마지막 요소로 삽입되는데, 그 형식이 리스트가 아니면 리스트로 만든 후 삽입된다. 그다음 첫 번째 형식이 두 번째 형식의 마지막 요소로 삽입되는데, 마찬가지로 필요하면 리스트로 만든다. 이 과정이 모든 형식들을 대상으로 계속된다. 이 스레드 라스트 매크로를 사용하면 코드의 가독성이 높아진다.[8]

```
(= (__ (map inc (take 3 (drop 2 [2 5 4 1 3 6]))))
  (->> [2 5 4 1 3 6] (drop 2) (take 3) (map inc) (__))
  11)
```

---

8 (옮긴이) 그 외에도 기본적으로 제공되는 유용한 스레딩 매크로가 더 있다. as->, some->, some->>, cond->, cond->>. 이들은 클로저독스에서 사용법을 확인할 수 있다.

다재다능 for(For the win)

문제 URL: https://www.4clojure.com/problem/145

클로저의 for 매크로는 한 개 이상의 시퀀스에서 새로운 시퀀스를 만들 때 엄청나게 다양한 기능을 가진다. 이 매크로를 제대로 사용하는 법을 이해하기까지 시간이 걸릴 수 있지만 원하는 시퀀스를 명확하고 간결하게 만들 수 있어 시간을 투자한 보람이 있을 것이다. 이 점을 염두에 두고 다음의 식들이 어떻게 동일한 결과를 반환하는지 알아보자.

```
(= __ (for [x (range 40)
            :when (= 1 (rem x 4))]
        x))
(= __ (for [x (iterate #(+ 4 %) 0)
            :let [z (inc x)]
            :while (< z 40)]
        z))
(= __ (for [[x y] (partition 2 (range 20))]
        (+ x y)))
```

4일차

> 문제를 푸는 데 도움이 되는 내용
>
> - "논리에 따라 흐름 제어하기" (32쪽)
> - "함수형 프로그래밍에서의 데이터 변환" (57쪽)

뒤에서 두 번째 요소(Penultimate Element)

문제 URL: https://www.4clojure.com/problem/20

시퀀스의 뒤에서 두 번째 요소를 반환하는 함수를 작성하라.

```
(= (__ (list 1 2 3 4 5)) 4)
(= (__ ["a" "b" "c"]) "b")
(= (__ [[1 2] [3 4]]) [1 2])
```

모두 더하기(Sum It All Up)

문제 URL: https://www.4clojure.com/problem/24

시퀀스로 주어진 숫자들의 합을 반환하는 함수를 작성하라.

```
(= (__ [1 2 3]) 6)
(= (__ (list 0 -2 5 5)) 8)
(= (__ #{4 2 1}) 7)
(= (__ '(0 0 -1)) -1)
(= (__ '(1 10 3)) 14)
```

홀수 찾기(Find the odd numbers)

문제 URL: https://www.4clojure.com/problem/25

시퀀스에서 홀수만을 반환하는 함수를 작성하라.

```
(= (__ #{1 2 3 4 5}) '(1 3 5))
(= (__ [4 2 1 6]) '(1))
(= (__ [2 2 4 6]) '())
(= (__ [1 1 1 3]) '(1 1 1 3))
```

회문 검출기(Palindrome Detector)

문제 URL: https://www.4clojure.com/problem/27

주어진 시퀀스가 회문이면 참을 반환하는 함수를 작성하라.

힌트: "race-car"는 '(\r \a \c \e \c \a \r)와 같지 않다.

```
(false? (__ '(1 2 3 4 5)))
(true? (__ "racecar"))
(true? (__ [:foo :bar :foo]))
(true? (__ '(1 1 3 3 1 1)))
(false? (__ '(:a :b :c)))
```

시퀀스 중복하기(Duplicate a Sequence)

문제 URL: https://www.4clojure.com/problem/32

시퀀스의 각 요소를 중복시키는 함수를 작성하라.

```
(= (__ [1 2 3]) '(1 1 2 2 3 3))
```

```
(= (__ [:a :a :b :b]) '(:a :a :a :a :b :b :b :b))
```

```
(= (__ [[1 2] [3 4]]) '([1 2] [1 2] [3 4] [3 4]))
```

```
(= (__ [[1 2] [3 4]]) '([1 2] [1 2] [3 4] [3 4]))
```

5일차

> 🔵 문제를 푸는 데 도움이 되는 내용
>
> - "함수형 프로그래밍에서의 데이터 변환"(57쪽)

시퀀스 압축하기(Compress a Sequence)

문제 URL: https://www.4clojure.com/problem/30

시퀀스에서 연속된 중복을 제거하는 함수를 작성하라.

```
(= (apply str (__ "Leeeeeerrroyyy")) "Leroy")
```

```
(= (__ [1 1 2 3 3 2 2 3]) '(1 2 3 2 3))
```

```
(= (__ [[1 2] [1 2] [3 4] [1 2]]) '([1 2] [3 4] [1 2]))
```

시퀀스 묶기(Pack a Sequence)

문제 URL: https://www.4clojure.com/problem/31

연속된 중복을 하위 리스트로 묶는 함수를 작성하라.

```
(= (__ [1 1 2 1 1 1 3 3]) '((1 1) (2) (1 1 1) (3 3)))
```

```
(= (__ [:a :a :b :b :c]) '((:a :a) (:b :b) (:c)))
```

```
(= (__ [[1 2] [1 2] [3 4]]) '(([1 2] [1 2]) ([3 4])))
```

매 n번째 요소 제거하기(Drop Every Nth Item)

문제 URL: https://www.4clojure.com/problem/41

시퀀스에서 매 n번째 요소를 제거하는 함수를 작성하라.

```
(= (__ [1 2 3 4 5 6 7 8] 3) [1 2 4 5 7 8])
```

```
(= (__ [:a :b :c :d :e :f] 2) [:a :c :e])
```

```
(= (__ [1 2 3 4 5 6] 4) [1 2 3 5 6])
```

iterate 소개(Intro to Iterate)

문제 URL: https://www.4clojure.com/problem/45

iterate 함수는 무한 지연 시퀀스를 만드는 함수다. 무한 시퀀스는 조심해서 사용해야 하며 take 함수와 함께 사용해야 한다는 점을 기억하자. iterate 함수는 초기값에 함수를 적용한다. 그 후, 그 결과에 다시 같은 함수를 적용한다. 이 과정이 무한히 반복된다.

```
(take 5 (iterate inc 1))
;=> (1 2 3 4 5)
```

iterate 함수는 지연 시퀀스를 만드는 데 사용될 수 있다.

```
(= __ (take 5 (iterate #(+ 3 %) 1)))
```

시퀀스 반복하기(Replicate a Sequence)

문제 URL: https://www.4clojure.com/problem/33

시퀀스의 각 요소를 주어진 수만큼 반복하는 함수를 작성하라.

```
(= (__ [1 2 3] 2) '(1 1 2 2 3 3))
```

```
(= (__ [:a :b] 4) '(:a :a :a :a :b :b :b :b))
```

```
(= (__ [4 5 6] 1) '(4 5 6))
```

```
(= (__ [[1 2] [3 4]] 2) '([1 2] [1 2] [3 4] [3 4]))
```

```
(= (__ [44 33] 2) [44 44 33 33])
```

2주차

이번 주에도 4Clojure 문제를 계속해서 풀어볼 것이다. 문제의 난이도는 높아지지만 좋은 연습이 될 것이다.

1일차

 문제를 푸는 데 도움이 되는 내용

- "구조분해" (47쪽)
- "함수형 프로그래밍에서의 데이터 변환" (57쪽)

피보나치 수열(Fibonacci Sequence)

문제 URL: https://www.4clojure.com/problem/26

이 문제는 피보나치 수열과 관련이 있다. 피보나치 수열은 이전의 숫자 두 개를 더해 다음의 숫자를 만드는 정수 수열이다.

```
0, 1, 1, 2, 3, 5, 8, 13, 21, 34, 55, 89, 144 ...
```

주어진 개수의 피보나치 수를 반환하는 함수를 작성하라.

```
(= (__ 3) '(1 1 2))
(= (__ 6) '(1 1 2 3 5 8))
(= (__ 8) '(1 1 2 3 5 8 13 21))
```

대문자 구하기(Get the Caps)

문제 URL: https://www.4clojure.com/problem/29

문자열을 받아서 대문자들만 있는 새로운 문자열을 반환하는 함수를 작성하라.

```
(= (__ "HeLlO, WoRlD!") "HLOWRD")
(empty? (__ "nothing"))
(= (__ "$#A(*&987Zf") "AZ")
```

some 소개(Intro to some)

문제 URL: https://www.4clojure.com/problem/48

some 함수는 진위 함수와 컬렉션을 인수로 받는다. some은 컬렉션의 요소를 차례대로 진위 함수에 적용하다가 그 진위 함수의 반환값이 처음으로 논리적 참일 때 그 반환값을 반환한다.

```
(= __ (some #{2 7 6} [5 6 7 8]))
(= __ (some #(when (even? %) %) [5 6 7 8]))
```

팩토리얼 놀이(Factorial Fun)

문제 URL: https://www.4clojure.com/problem/42

팩토리얼은 n 이하의 모든 양의 정수의 곱이다. 예를 들어보면 다음과 같다.

```
6! = 6 x 5 x 4 x 3 x 2 x 1 = 720
```

팩토리얼을 계산하는 함수를 작성하라.

```
(= (__ 1) 1)
(= (__ 3) 6)
(= (__ 5) 120)
(= (__ 8) 40320)
```

구조분해 소개(Intro to Destructuring)

문제 URL: https://www.4clojure.com/problem/52

let 바인딩과 함수의 인수에는 구조분해가 지원된다.

```
(= [2 4] (let [[a b c d e] [0 1 2 3 4]] __))
```

2일차

💡 문제를 푸는 데 도움이 되는 내용

- "논리에 따라 흐름 제어하기" (32쪽)
- "구조분해" (47쪽)
- "함수형 프로그래밍에서의 데이터 변환" (57쪽)

구조분해 고급(Advanced Destructuring)

문제 URL: https://www.4clojure.com/problem/51

구조분해에 사용되는 몇 가지 고급 기법이 있다. 첫째로 앰퍼샌드(&) 기호를 사용하면 이 기호 뒤의 모든 인수들을 하나의 바인딩으로 모을 수 있다. 다음은 벡터를 구조분해하는 예이다.

앞의 두 심볼에는 벡터의 처음 두 요소가 바인딩된다.

```
(let [[a b & c] ["cat" "dog" "bird" "fish"]]
  [a b])
;=> ["cat" "dog"]
```

나머지 요소들은 c에 바인딩된다.

```
(let [[a b & c] ["cat" "dog" "bird" "fish"]]
  c)
;=> ("bird" "fish")
```

다음으로 소개할 구조분해 기법은 :as 키워드를 사용하는 것이다. 이것은 인수 전체를 하나의 심볼에 바인딩한다.

```
(let [[a b :as x] ["cat" "dog" "bird" "fish"]]
  x)
;=> ["cat" "dog" "bird" "fish"]
```

이제 문제를 풀어보자.

다음은 약간 더 복잡한 구조분해의 한 예이다.

```
(= [1 2 [3 4 5] [1 2 3 4 5]] (let [[a b & c :as d] __] [a b c d]))
```

반쪽 진실(A Half-Truth)

문제 URL: https://www.4clojure.com/problem/83

여러 개의 불린을 인수로 받는 함수를 작성하라. 이 함수는 인수 중 일부만 true이고 모두는 아닌 경우에만 true를 반환해야 한다. 그 이외의 경우에는 false를 반환해야 한다.

```
(= false (__ false false))

(= true (__ true false))

(= false (__ true))

(= true (__ false true false))

(= false (__ true true true))

(= true (__ true true true false))
```

최대 공약수(Greatest Common Divisor)

문제 URL: https://www.4clojure.com/problem/66

최대 공약수(GCD)는 나머지 없이 두 수를 나누는 가장 큰 양의 정수이다.

두 개의 정수가 주어질 때 최대 공약수를 반환하는 함수를 작성하라.

```
(= (__ 2 4) 2)

(= (__ 10 5) 5)

(= (__ 5 7) 1)

(= (__ 1023 858) 33)
```

3일차

💡 문제를 푸는 데 도움이 되는 내용

- "집합을 사용해 유일한 데이터의 컬렉션 표현하기" (15쪽)
- "함수 만들기" (23쪽)
- "함수형 프로그래밍에서의 데이터 변환" (57쪽)

간단한 클로저(Simple closures)[9]

문제 URL: https://www.4clojure.com/problem/107

렉시컬 스코프(Lexical scope)와 일급 함수는 클로저 같은 함수형 언어의 가장 기본적인 구성요소이다. 이 두 요소를 결합하면 렉시컬 클로저(lexical closure)라는 매우 강력한 도구를 갖게 된다. 이것을 이용하면 지역 바인딩의 수명을 마음대로 제어할 수 있다. 즉, 코드의 실행이 끝난 뒤에도 바인딩된 값을 사용할 수 있다.

추상적으로 이해하는 것은 어려울 수 있으니 간단한 클로저(closure)를 만들어 보자. 만들 함수는 양의 정수 n을 인수로 받은 후 x의 n승을 계산하는 함수 (f x)를 반환해야 한다. 클로저(closure)로 인해 n이 정의된 영역 바깥에서도 n의 값이 보존된다는 점을 눈여겨보자.

```clojure
(= 256 ((__ 2) 16) ((__ 8) 2))
(= [1 8 27 64] (map (__ 3) [1 2 3 4]))
(= [1 2 4 8 16] (map #((__ %) 2) [0 1 2 3 4]))
```

데카르트 곱(Cartesian Product)

문제 URL: https://www.4clojure.com/problem/90

두 집합의 데카르트 곱(Cartesian product)[10]을 계산하는 함수를 작성하라.

온라인 버전의 문제에는 유니코드 하트 기호와 심볼이 포함되어 있는데, 안타깝게도 이 기호들은 인쇄되는 코드에서는 보이지 않는다. 그래서 다음의 코드에서는 온라인 버전의 심볼들을 텍스트로 대체했다.

```clojure
(= (__ #{"ace" "king" "queen"} #{"spade" "heart" "diamond" "club"})
   #{["ace"   "spade"] ["ace"   "heart"] ["ace"   "diamond"] ["ace"   "club"]
     ["king"  "spade"] ["king"  "heart"] ["king"  "diamond"] ["king"  "club"]
     ["queen" "spade"] ["queen" "heart"] ["queen" "diamond"] ["queen" "club"]})

(= (__ #{1 2 3} #{4 5})
   #{[1 4] [2 4] [3 4] [1 5] [2 5] [3 5]})

(= 300 (count (__ (into #{} (range 10))
                  (into #{} (range 30)))))
```

---

9 (옮긴이) 철자에 주의하자. clojure가 아니고 closure이다. 발음은 같다. closure는 프로그래밍 기법 중 하나로 함수가 정의될 때의 환경을 그 함수가 실행될 때 참조하는 것이다.

10 https://en.wikipedia.org/wiki/Cartesian_product

4일차

 문제를 푸는 데 도움이 되는 내용

- "집합을 사용해 유일한 데이터의 컬렉션 표현하기" (15쪽)
- "함수 만들기" (23쪽)

대칭 차집합(Symmetric Difference)

문제 URL: https://www.4clojure.com/problem/88

두 집합의 대칭 차집합(symmetric difference)을 반환하는 함수를 작성하라. 대칭 차집합
은 합집합에서 교집합을 뺀 것이다.

(= (__ #{1 2 3 4 5 6} #{1 3 5 7}) #{2 4 6 7})

(= (__ #{:a :b :c} #{}) #{:a :b :c})

(= (__ #{} #{4 5 6}) #{4 5 6})

(= (__ #{[1 2] [2 3]} #{[2 3] [3 4]}) #{[1 2] [3 4]})

최소 공배수(Least Common Multiple)

문제 URL: https://www.4clojure.com/problem/100

최소 공배수[11]를 계산하는 함수를 작성하라. 이 함수는 여러 개의 양의 정수 또는 분수를 인
수로 받는다.

(== (__ 2 3) 6)

(== (__ 5 3 7) 105)

(== (__ 1/3 2/5) 2)

(== (__ 3/4 1/6) 3/2)

(== (__ 7 5/7 2 3/5) 210)

---

11 https://en.wikipedia.org/wiki/Least_common_multiple

5일차

 문제를 푸는 데 도움이 되는 내용

- "재귀" (54쪽)
- "함수형 프로그래밍에서의 데이터 변환" (57쪽)

파스칼의 삼각형(Pascal's Triangle)

문제 URL: https://www.4clojure.com/problem/97

파스칼의 삼각형[12]은 다음 규칙으로 계산되는 수들의 삼각형이다.

- 첫 번째 행은 1이다.
- 다음 행은 바로 위의 행의 인접한 두 수를 더해 계산한 다음

  행의 처음과 마지막에 1을 추가한다.

파스칼의 삼각형의 n번째 행을 반환하는 함수를 작성하라.

```
(= (__ 1) [1])

(= (map __ (range 1 6))
   [     [1]
        [1 1]
       [1 2 1]
      [1 3 3 1]
     [1 4 6 4 1]])

(= (__ 11)
   [1 10 45 120 210 252 210 120 45 10 1])
```

3주차

이제 4Clojure 문제를 푸는 마지막 주이다. 이번 주는 재미있으면서도 도전할만한 클로저 문제를 준비했다.

---

12 https://en.wikipedia.org/wiki/Pascal%27s_triangle

> 💡 문제를 푸는 데 도움이 되는 내용
>
> - "논리에 따라 흐름 제어하기" (32쪽)
> - "재귀" (54쪽)
> - "함수형 프로그래밍에서의 데이터 변환" (57쪽)

문제를 풀다가 도움이 필요하면 4Clojure 구글 그룹스를 활용하자.

1일차

트리인가 아닌가(To Tree, or not to Tree)

문제 URL: https://www.4clojure.com/problem/95

해당 시퀀스가 이진 트리[13]인지 확인하는 진위 함수를 작성하라. 트리의 각 노드는 값과 왼쪽 자식, 그리고 오른쪽 자식을 모두 가져야 한다.

```
(= (__ '(:a (:b nil nil) nil))
   true)

(= (__ '(:a (:b nil nil)))
   false)

(= (__ [1 nil [2 [3 nil nil] [4 nil nil]]])
   true)

(= (__ [1 [2 nil nil] [3 nil nil] [4 nil nil]])
   false)

(= (__ [1 [2 [3 [4 nil nil] nil] nil] nil])
   true)

(= (__ [1 [2 [3 [4 false nil] nil] nil] nil])
   false)

(= (__ '(:a nil ()))
   false)
```

대칭의 아름다움(Beauty is Symmetry)

문제 URL: https://www.4clojure.com/problem/96

---

13 https://ko.wikipedia.org/wiki/%EC%9D%B4%EC%A7%84_%ED%8A%B8%EB%A6%AC

트리의 왼쪽과 오른쪽이 거울상이면 이진 트리가 대칭이라고 하자. 주어진 이진 트리가 대칭인지 아닌지를 결정하는 진위 함수를 작성하라(트리를 어떻게 표현했는지는 '트리인가 아닌가(To Tree, or not to Tree)' 문제를 보라).

```
(= (__ '(:a (:b nil nil) (:b nil nil))) true)

(= (__ '(:a (:b nil nil) nil)) false)

(= (__ '(:a (:b nil nil) (:c nil nil))) false)

(= (__ [1 [2 nil [3 [4 [5 nil nil] [6 nil nil]] nil]]
         [2 [3 nil [4 [6 nil nil] [5 nil nil]]] nil]])
   true)

(= (__ [1 [2 nil [3 [4 [5 nil nil] [6 nil nil]] nil]]
         [2 [3 nil [4 [5 nil nil] [6 nil nil]]] nil]])
   false)

(= (__ [1 [2 nil [3 [4 [5 nil nil] [6 nil nil]] nil]]
         [2 [3 nil [4 [6 nil nil] nil]] nil]])
   false)
```

2일차

뒤집기(Flipping out)

문제 URL: https://www.4clojure.com/problem/46

입력 함수의 인수 순서를 뒤집는 고차 함수를 작성하라.

```
(= 3 ((__ nth) 2 [1 2 3 4 5]))

(= true ((__ >) 7 8))

(= 4 ((__ quot) 2 8))

(= [1 2 3] ((__ take) [1 2 3 4 5] 3))
```

시퀀스 회전시키기(Rotate a sequence)

문제 URL: https://www.4clojure.com/problem/44

시퀀스를 어느 한쪽 방향으로 회전시키는 함수를 작성하라.

```
(= (__ 2 [1 2 3 4 5]) '(3 4 5 1 2))
```

```
(= (__ -2 [1 2 3 4 5]) '(4 5 1 2 3))

(= (__ 6 [1 2 3 4 5]) '(2 3 4 5 1))

(= (__ 1 '(:a :b :c)) '(:b :c :a))

(= (__ -4 '(:a :b :c)) '(:c :a :b))
```

3일차

클로저의 interleave 함수는 첫 번째 컬렉션의 첫 요소, 두 번째 컬렉션의 첫 요소, 다음은 각 컬렉션의 두 번째 요소, 그리고 이런 식으로 계속되는 지연 시퀀스를 반환한다.

```
(interleave ["cat" "dog" "fish"] [1 2 3])
;=> ("cat" 1 "dog" 2 "fish" 3)
```

이번 문제는 interleave를 역방향으로 하는 것으로 볼 수 있다. 즉, 주어진 컬렉션이 있을 때 그것을 interleave에 사용된 원래의 서브 시퀀스들로 다시 분해하는 것을 말한다.

역방향 Interleave(Reverse Interleave)

문제 URL: https://www.4clojure.com/problem/43

interleave 과정을 역방향으로 해서 x개의 서브 시퀀스들로 분해하는 함수를 작성하라.

```
(= (__ [1 2 3 4 5 6] 2) '((1 3 5) (2 4 6)))

(= (__ (range 9) 3) '((0 3 6) (1 4 7) (2 5 8)))

(= (__ (range 10) 5) '((0 5) (1 6) (2 7) (3 8) (4 9)))
```

타입에 따라 나누기(Split by Type)

문제 URL: https://www.4clojure.com/problem/50

여러 타입의 아이템으로 된 시퀀스를 받아서 같은 타입의 아이템으로 된 서브 시퀀스의 집합으로 나누는 함수를 작성하라. 각 서브 시퀀스의 내부 순서는 유지되어야 하지만 서브 시퀀스들 자체는 어떤 순서로 반환되어도 좋다(이런 이유로 테스트 케이스에서 집합을 사용했다).

```
(= (set (__ [1 :a 2 :b 3 :c])) #{[1 2 3] [:a :b :c]})

(= (set (__ [:a "foo" "bar" :b])) #{[:a :b] ["foo" "bar"]})

(= (set (__ [[1 2] :a [3 4] 5 6 :b])) #{[[1 2] [3 4]] [:a :b] [5 6]})
```

4일차

소수(Prime Numbers)

문제 URL: https://www.4clojure.com/problem/67

처음 x개의 소수를 반환하는 함수를 작성하라.

```
(= (__ 2) [2 3])
(= (__ 5) [2 3 5 7 11])
(= (last (__ 100)) 541)
```

5일차

애너그램 찾기(Anagram Finder)

문제 URL: https://www.4clojure.com/problem/77

단어들로 된 벡터에서 모든 애너그램을 찾는 함수를 작성하라. 단어 x의 모든 문자가 다른 순서로 재배열되어 단어 y가 되면 단어 x는 단어 y의 애너그램이다. 함수는 집합의 집합을 반환해야 하고 각 하위 집합의 단어들은 서로 애너그램이어야 한다. 각 하위 집합은 적어도 2개의 단어를 가져야 한다. 애너그램이 없는 단어는 결과에서 빠져야 한다.

```
(= (__ ["meat" "mat" "team" "mate" "eat"])
   #{#{"meat" "team" "mate"}})

(= (__ ["veer" "lake" "item" "kale" "mite" "ever"])
   #{#{"veer" "ever"} #{"lake" "kale"} #{"mite" "item"}})
```

4주차

이번 주는 훈련 방법을 바꾸어서 카타(kata)[14] 프로그래밍 방식으로 연습할 것이다. 카타 프로그래밍은 개발자의 실력을 향상시키기 위해 만든, 작지만 한정된 주제에 집중하는 연습이다. 카타는 연습의 범위가 좀 더 넓다는 점에서 코안과 다르다. 이번에는 각 문제마다 라이닝언 프로젝트를 만들 것이다. 이것은 문제를 풀 때 라이브러리를 사용할 수 있다는 것을 의미한다. 또한 테스트는 고정되어 있지 않다. 즉, 자유롭게 테스트를 추가하고 원하는 대로 고칠 수 있다. 테스트가 통과하는지 돌려보면서 클로저 테스팅 기술을 연마할 수 있다.

우리가 연습할 카타는 이상한 나라의 클로저 카타라고 불리는 것으로, 깃헙 저장소인 https://github.com/gigasquid/wonderland-clojure-katas에서 찾을 수 있다. 이것은 루이스 캐롤과 『이상한 나라의 앨리스』와 관련된 카타 모음집이다.

이 카타를 시작하려면 깃헙에서 사용되는 버전 관리 시스템인 깃(Git)을 설치해야 한다. 깃을 다운로드하고 설치하는 방법은 https://help.github.com/articles/set-up-git에 있다.

깃을 설치했다면 명령창에 다음을 입력한다.

```
git clone https://github.com/gigasquid/wonderland-clojure-katas.git
```

이것으로 모든 카타가 있는 코드 저장소를 wonderland-clojure-katas라는 디렉터리에 복사한다. 원한다면 저장소를 zip으로 압축한 파일만을 다운로드해도 된다.

시작하기 전에 유념할 것은 자신의 페이스를 유지하라는 것이다. 이 카타들은 이제 여러분의 카타이다. 보통 각 카타에 2일씩 배정되어 있지만 시간이 더 필요하다면 더 쓰면 된다. 마찬가지로 빨리 끝냈다면 잠시 시간을 갖고 리팩토링해서 코드를 개선해 보자. 여기서 중요한 것은 여러분의 뇌가 클로저 방식으로 생각하도록 정기적으로 연습하는 것이다.

---

14 (옮긴이) 정해진 무술 동작을 반복적으로 연습해서 무술의 기본을 익히는 훈련법을 의미하는 일본어이다. 태권도의 품새를 떠올리면 된다.

만일 막혀서 도움이 필요하다면, 사람들이 카타별로 푼 코드를 공유한 해법난(solution section)을 보면 된다. 미리 해법을 보지는 말자. 하지만 조언이나 힌트가 필요하다면 해법의 코드를 보는 것도 도움이 될 것이다.

이제 이번 주의 첫 카타를 시작해 보자.

1일차

알파벳 암호화(Alpahbet Cipher) 카타로 시작하자. 이 암호화는 루이스 캐롤이 만들었다.

이 암호화는 열쇠말로 알파벳을 치환하는 방식이다.

우선 아래와 같은 치환 도표를 만들어야 한다. 도표의 각 알파벳 행들은 한 줄씩 내려가면서 문자가 하나씩 회전한다.

```
  ABCDEFGHIJKLMNOPQRSTUVWXYZ
A abcdefghijklmnopqrstuvwxyz
B bcdefghijklmnopqrstuvwxyza
C cdefghijklmnopqrstuvwxyzab
D defghijklmnopqrstuvwxyzabc
E efghijklmnopqrstuvwxyzabcd
F fghijklmnopqrstuvwxyzabcde
G ghijklmnopqrstuvwxyzabcdef
H hijklmnopqrstuvwxyzabcdefg
I ijklmnopqrstuvwxyzabcdefgh
J jklmnopqrstuvwxyzabcdefghi
K klmnopqrstuvwxyzabcdefghij
L lmnopqrstuvwxyzabcdefghijk
M mnopqrstuvwxyzabcdefghijkl
N nopqrstuvwxyzabcdefghijklm
O opqrstuvwxyzabcdefghijklmn
P pqrstuvwxyzabcdefghijklmno
Q qrstuvwxyzabcdefghijklmnop
R rstuvwxyzabcdefghijklmnopq
S stuvwxyzabcdefghijklmnopqr
T tuvwxyzabcdefghijklmnopqrs
U uvwxyzabcdefghijklmnopqrst
V vwxyzabcdefghijklmnopqrstu
W wxyzabcdefghijklmnopqrstuv
X xyzabcdefghijklmnopqrstuvw
Y yzabcdefghijklmnopqrstuvwx
Z zabcdefghijklmnopqrstuvwxy
```

암호를 주고받을 양측은 비밀 열쇳말을 정해야 한다. 이 열쇳말은 적어두면 안 되고 외워야 한다.

메시지를 암호화하기 위해 우선 메시지를 적는다.

```
meetmebythetree
```

그런 다음 열쇳말을 적고(여기서는 scones) 그 열쇳말을 필요한 만큼 반복한다.

```
ssconesconessco
meetmebythetree
```

이제 도표에서 S열을 찾은 후 그 열의 M행까지 내려간다. 행과 열이 만나는 문자는 e이다. 다른 모든 문자도 이런 식으로 암호화한다.

```
sconessconessco
meetmebythetree
egsgqwtahuiljgs
```

암호화된 메시지는 egsgqwtahuiljgs이다.

암호를 풀려면 비밀 열쇳말을 사용하여 반대로 수행한다.

시작해 보자.

1. 명령창에서 cd alphabet-cipher라고 입력하자.
2. lein test로 테스트를 실행하자. 빠른 피드백을 좋아한다면 lein-test-refresh 플러그인[15]을 써볼 수도 있다. 이 플러그인을 사용하면 파일이 수정될 때마다 테스트가 자동으로 실행된다.
3. 테스트를 통과시키자.

소스 코드는 src/alphabet_cipher/coder.clj에 있다.

```
(ns alphabet-cipher.coder)

(defn encode [keyword message]
  "encodeme")

(defn decode [keyword message]
  "decodeme")
```

---

15 https://github.com/jakemcc/lein-test-refresh

테스트 코드는 test/alphabet_cipher/coder_test.clj에 있다.

```
(ns alphabet-cipher.coder-test
  (:require [clojure.test :refer :all]
            [alphabet-cipher.coder :refer :all]))

(deftest test-encode
  (testing "can encode given a secret keyword"
    (is (= "hmkbxebpxpmyllyrxiiqtoltfgzzv"
           (encode "vigilance" "meetmeontuesdayeveningatseven")))
    (is (= "egsgqwtahuiljgs"
           (encode "scones" "meetmebythetree")))))

(deftest test-decode
  (testing "can decode an cyrpted message given a secret keyword"
    (is (= "meetmeontuesdayeveningatseven"
           (decode "vigilance" "hmkbxebpxpmyllyrxiiqtoltfgzzv")))
    (is (= "meetmebythetree"
           (decode "scones" "egsgqwtahuiljgs")))))
```

오늘은 test-encode 테스트를 통과시키자.

2일차

알파벳 암호화 카타를 계속하자.

오늘은 test-decode 테스트를 통과시켜서 실습을 완료하자.

3일차

오늘은 이상한 나라의 숫자(Wonderland Number) 카타를 해볼 것이다.

이상한 나라는 특이한 곳이다. 그래서 이상한 나라의 숫자들도 아주 특이하다.

이상한 나라의 수(number)를 만드는 방법을 찾아야 한다.

- 이상한 나라의 수는 6자리이다.
- 이상한 나라의 수에 2 또는 3, 4, 5, 6을 곱하면 곱한 수는 원래 수와 자릿수들이 같다. 단지 각 자릿수들의 위치만 다르다.

이 카타를 시작하기 위해 다음과 같이 실행하자.

1. 명령창에서 cd wonderland-number라고 입력한다.

2. lein test로 테스트를 실행한다.

3. 테스트를 통과시킨다!

소스 파일은 src/wonderland_number/finder.clj에 있다.

```clojure
(ns wonderland-number.finder)

(defn wonderland-number []
  ;; 이상한 수를 계산하라
  42)
```

테스트 파일은 test/wonderland_number/finder_test.clj에 있다.

```clojure
(ns wonderland-number.finder-test
  (:require [clojure.test :refer :all]
            [wonderland-number.finder :refer :all]))

(defn hasAllTheSameDigits? [n1 n2]
  (let [s1 (set (str n1))
        s2 (set (str n2))]
    (= s1 s2)))

(deftest test-wonderland-number
  (testing "A wonderland number must have the following things true
about it"
    (let [wondernum (wonderland-number)]
      (is (= 6 (count (str (wonderland-number)))))
      (is (hasAllTheSameDigits? wondernum (* 2 wondernum)))
      (is (hasAllTheSameDigits? wondernum (* 3 wondernum)))
      (is (hasAllTheSameDigits? wondernum (* 4 wondernum)))
      (is (hasAllTheSameDigits? wondernum (* 5 wondernum)))
      (is (hasAllTheSameDigits? wondernum (* 6 wondernum))))))
```

4일차

이상한 나라의 수 카타를 계속하자. 문제를 빨리 풀었다면 다른 수를 찾아보자. 예를 들어, 각 자릿수의 세제곱의 합이 1000 미만인 수는 어떤가?

5일차

오늘의 카타는 재미있다. 여우와 거위, 옥수수자루(Fox, Goose, and Bag of Corn) 카타를 해볼 것이다.

이것은 루이스 캐롤이 아이들에게 즐겨 냈던 퍼즐 중 하나로 여우와 거위, 옥수수자루에 대한 것이다. 이들 모두를 안전하게 강을 건너게 하는 문제이다.

이 퍼즐의 규칙은 다음과 같다.

- 당신은 여우와 거위, 옥수수자루를 안전하게 강 건너편으로 옮겨야 한다.
- 한 번에 한 가지만 당신과 함께 배로 건널 수 있다.
- 여우 혼자 거위와 있으면 안된다(그러면 여우가 거위를 먹는다).
- 거위 혼자 옥수수자루와 있으면 안된다(그러면 거위가 옥수수를 먹는다).

이 퍼즐을 표현하는 자료구조는 벡터의 벡터이다.

처음 시작할 때는 강의 한쪽에 당신과 여우, 거위, 옥수수가 있다. 보트는 비어 있다. 강의 건너편에는 아무것도 없다.

```
[[[:fox :goose :corn :you] [:boat] []]]
```

당신이 옥수수를 들고 보트에 탄다고 하자.

```
[[[:fox :goose :corn :you] [:boat] []]
 [[:fox :goose] [:boat :corn :you] []]]
```

그러면 여우가 거위를 먹어버린다!

목표는 하나씩 옮기는 계획을 잘 세워서 모두 안전하게 강을 건너는 것이다.

```
[[[:fox :goose :corn :you] [:boat] []]
 ...
 [[[] [:boat] [:fox :goose :corn :you]]]]
```

시작해 보자.

1. 명령창에 cd fox-goose-bag-of-corn이라고 입력하자.
2. lein test로 테스트를 실행하자.
3. 테스트를 통과시키자!

소스 파일은 src/fox_goose_bag_of_corn/puzzle.clj에 있다.

```clojure
(ns fox-goose-bag-of-corn.puzzle)

(def start-pos [[[:fox :goose :corn :you] [:boat] []]])

(defn river-crossing-plan []
  start-pos)
```

테스트 파일은 test/fox_goose_bag_of_corn/puzzle_test.clj에 있다.

```clojure
(ns fox-goose-bag-of-corn.puzzle-test
  (:require [clojure.test :refer :all]
            [fox-goose-bag-of-corn.puzzle :refer :all]
            [clojure.set]))

(defn validate-move [step1 step2]
  (testing "only you and another thing can move"
    (let [diff1 (clojure.set/difference step1 step2)
          diff2 (clojure.set/difference step2 step1)
          diffs (concat diff1 diff2)
          diff-num (count diffs)]
      (is (> 3 diff-num))
      (when (pos? diff-num)
        (is (contains? (set diffs) :you)))
      step2)))

(deftest test-river-crossing-plan
  (let [crossing-plan (map (partial map set) (river-crossing-plan))]
    (testing "you begin with the fox, goose and corn on one side of the river"
      (is (= [#{:you :fox :goose :corn} #{:boat} #{}]
             (first crossing-plan))))
    (testing "you end with the fox, goose and corn on one side of the river"
      (is (= [#{} #{:boat} #{:you :fox :goose :corn}]
             (last crossing-plan))))
    (testing "things are safe"
      (let [left-bank (map first crossing-plan)
            right-bank (map last crossing-plan)]
        (testing "the fox and the goose should never be left alone together"
          (is (empty?
                (filter #(= % #{:fox :goose}) (concat left-bank right-bank)))))
        (testing "the goose and the corn should never be left alone together"
          (is (empty?
                (filter #(= % #{:goose :corn}) (concat left-bank right-bank)))))))
    (testing "The boat can carry only you plus one other"
      (let [boat-positions (map second crossing-plan)]
        (is (empty?
              (filter #(> (count %) 3) boat-positions)))))
    (testing "moves are valid"
      (let [left-moves (map first crossing-plan)
            middle-moves (map second crossing-plan)
            right-moves (map last crossing-plan)]
        (reduce validate-move left-moves)
        (reduce validate-move middle-moves)
        (reduce validate-move right-moves )))))
```

5주차

이상한 나라의 클로저 카타를 계속해 보자.

1일차

지난주에 우리는 여우와 거위, 옥수수자루 카타를 시작했다. 오늘 이 문제를 마무리하자. 만일 이미 끝냈다면, core.logic 라이브러리[16]를 살펴보고 다른 방식으로 문제를 풀 수 있는지 알아보자.

2일차

계속 이어서 더블릿(Doublets) 카타를 할 것이다.

이 카타도 역시 루이스 캐롤이 만든 것이다. 그는 더블릿이라는 단어 퍼즐을 만들었다.

같은 길이의 두 단어를 주면, 한 단어를 한 번에 한 글자씩 단계적으로 바꾸면서 다른 단어에 도달하는 퍼즐이다. 모든 변환을 마치면 시작 단어에서 끝 단어로 변하는 모습을 보여주는 단어들이 나열될 것이다. 나열된 모든 단어는 루이스 캐롤이 정한 단어 사전에 있어야 한다.

> … 나열된 중간 단어들은 상류 사회에서 사용되는
> 영어 단어이어야 한다.   - 루이스 캐롤

또한 나열된 단어들은 정해진 사전에서 찾을 수 있는 단어이어야 한다. 고유 명사는 안된다.

아래는 예제이다.

DOOR에서 LOCK까지의 더블릿이다.

```
door
boor
book
look
lock
```

16 https://github.com/clojure/core.logic

BANK에서 LOAN까지의 더블릿이다.

```
bank
bonk
book
look
loon
loan
```

WHEAT에서 BREAD까지의 더블릿이다.

```
wheat
cheat
cheap
cheep
creep
creed
breed
bread
```

시작하기 위해 다음을 실행한다.

- 명령창에 cd doublets라고 입력한다.
- lein test로 테스트를 실행한다.
- 테스트를 통과시킨다!

샘플 디렉터리에는 테스트에 사용될 단어들이 들어 있다. 이 카타를 풀었다면 더 재미있는 더블릿을 발견하기 위해 더 큰 사전을 사용할 수도 있다.

> 이번 카타는 약간 까다롭다. 푸는 데 시간이 좀 걸릴 것이다. 힌트 하나를 준다면 처음에는 몇 개의 단어로 된 아주 작은 사전으로 시작하라는 것이다. (푸는 방법 이야 많겠지만) 클로저 함수인 tree-seq을 사용해서 풀 수도 있다.

처음 시작할 소스 파일은 src/doublets/solver.clj이다.

```
(ns doublets.solver
  (:require [clojure.java.io :as io]
            [clojure.edn :as edn]))

(def words (-> "words.edn"
               (io/resource)
               (slurp)
```

```
                    (read-string)))

(defn doublets [word1 word2]
  "make me work")
```

테스트 파일은 test/doublets/solver_test.clj에 있다.

```
(ns doublets.solver-test
  (:require [clojure.test :refer :all]
            [doublets.solver :refer :all]))

(deftest solver-test
  (testing "with word links found"
    (is (= ["head" "heal" "teal" "tell" "tall" "tail"]
           (doublets "head" "tail")))
    (is (= ["door" "boor" "book" "look" "lock"]
           (doublets "door" "lock")))
    (is (= ["bank" "bonk" "book" "look" "loon" "loan"]
           (doublets "bank" "loan")))
    (is (= ["wheat" "cheat" "cheap" "cheep" "creep" "creed" "breed" "bread"]
           (doublets "wheat" "bread"))))

  (testing "with no word links found"
    (is (= []
           (doublets "ye" "freezer")))))
```

3일차

더블릿 카타를 계속하자. 다 풀었다면 사전에 단어를 더 추가해서 다른 더블릿을 찾아보자.

4일차

오늘의 카타는 마방진(Magic Square)이다.

이 퍼즐도 역시 루이스 캐롤이 만든 것이다. 마방진은 사각형 안의 숫자들을 어느 방향으로 더해도 그 합이 모두 같은 것을 말한다.

다음과 같은 숫자들이 있다고 하자.

```
1.0
1.5
2.0
2.5
3.0
3.5
4.0
4.5
5.0
```

다음 조건에 만족하도록 3 x 3 행렬 안에 숫자들을 배열해야 한다.

- 각 열의 숫자들의 합 = 마법수(magic number)
- 각 행의 숫자들의 합 = 마법수
- 각 대각선의 숫자들의 합 = 마법수

시작하기 위해 다음을 실행한다.

1. 명령창에서 cd magic-square라고 입력한다.
2. lein test로 테스트를 실행한다.
3. 테스트를 통과시킨다!

소스 코드는 src/magic_square/puzzle.clj에 있다.

```clojure
(ns magic-square.puzzle)

(def values [1.0 1.5 2.0 2.5 3.0 3.5 4.0 4.5 5.0])

(defn magic-square [values]
  [[1.0 1.5 2.0]
   [2.5 3.0 3.5]
   [4.0 4.5 5.0]])
```

테스트 코드는 test/magic_square/puzzle_test.clj에 있다.

```clojure
(ns magic-square.puzzle-test
  (:require [clojure.test :refer :all]
            [magic-square.puzzle :refer :all]))

(defn sum-rows [m]
  (map #(reduce + %) m))

(defn sum-cols [m]
  [(reduce + (map first m))
   (reduce + (map second m))
   (reduce + (map last m))])

(defn sum-diagonals [m]
  [(+ (get-in m [0 0]) (get-in m [1 1]) (get-in m [2 2]))
   (+ (get-in m [2 0]) (get-in m [1 1]) (get-in m [0 2]))])

(deftest test-magic-square
  (testing "all the rows, columns, and diagonal add to the same number"
    (is (= (set (sum-rows (magic-square values)))
           (set (sum-cols (magic-square values)))
           (set (sum-diagonals (magic-square values)))))))
```

5일차

마방진 카타를 계속하자. 이미 끝냈다면 4×4 마방진을 시도해 보자.

6주차

이번 주는 이상한 나라의 클로저 카타를 하는 마지막 주이다. 재미있게 즐겨보자.

1일차

오늘은 작은 미로(Tiny Maze)라는 카타이다.

앨리스는 아주 키가 작아졌고 이상한 나라를 헤매고 있었다. 그녀를 둘러싼 풀들마저 미로처럼 보였다.

이 카타는 작은 미로를 푸는 것이다.

미로는 행렬로 표현된다.

```
[[:S 0 1]
 [1  0 1]
 [1  0 :E]]
```

• S는 미로의 시작이다.

• E는 미로의 끝이다.

• 1은 통과할 수 없는 벽이다.

• 0은 지나갈 수 있는 빈 공간이다.

목표는 미로의 끝에 도달하는 것이다. 다 푼 미로는 아래처럼 시작점과 경로와 끝점에 :x로 표시한다.

```
[[:x :x 1]
 [1  :x 1]
 [1  :x :x]]
```

시작하기 위해 다음을 실행하자.

1. 명령창에서 cd tiny-maze라고 입력한다.

2. lein test로 테스트를 실행한다.

3. 테스트를 통과시킨다!

소스 코드는 src/tiny_maze/solver.clj에 있다.

```clojure
(ns tiny-maze.solver)

(defn solve-maze [maze])
```

테스트 코드는 test/tiny_maze/solver_test.clj에 있다.

```clojure
(ns tiny-maze.solver-test
  (:require [clojure.test :refer :all]
            [tiny-maze.solver :refer :all]))

(deftest test-solve-maze
  (testing "can find way to exit with 3x3 maze"
    (let [maze [[:S 0 1]
                [1  0 1]
                [1  0 :E]]
          sol [[:x :x 1]
               [1  :x 1]
               [1  :x :x]]]
      (is (= sol (solve-maze maze)))))

  (testing "can find way to exit with 4x4 maze"
    (let [maze [[:S 0 0 1]
                [1  1 0 0]
                [1  0 0 1]
                [1  1 0 :E]]
          sol [[:x :x :x 1]
               [1  1 :x 0]
               [1  0 :x 1]
               [1  1  :x :x]]]
      (is (= sol (solve-maze maze))))))
```

2일차

작은 미로 카타를 계속하자. 만일 다 했으면 미로를 더 크게 만들어
보자.

3일차

앨리스는 결국 카드들과 분쟁이 생겼기 때문에 우리의 마지막 카타는
전쟁(War)[17]이라는 카드 게임이다.

---

17 (옮긴이) 서양에서 아이들이 많이 하는 간단한 카드 게임이다. https://en.wikipedia.org/wiki/
    War_(card_game)

이것은 전통적인 카드 게임의 한 종류로 규칙은 아주 간단하다.

- 플레이어는 2명이다.
- 카드는 각 플레이어에게 똑같이 분배된다.
- 매 라운드, 플레이어 1과 2는 동시에 앞면을 보여주면서 카드를 내놓는다. 높은 점수의 카드를 낸 플레이어가 그 판을 이기고 두 카드를 모두 가져간다.
- 획득한 카드는 승자의 카드 더미의 맨 밑에 넣는다.
- 에이스(Ace)는 가장 높은 점수의 카드이다.
- 만약 카드의 점수가 같으면, 카드 종류로 승자를 결정한다. 카드 종류는 스페이드, 클럽, 다이아몬드, 하트 순으로 높다.
- 더 내놓을 카드가 없는 사람이 진다.
- 두 플레이어 모두 내놓을 카드가 없으면 비긴다.

시작하려면 다음과 같이 하자.

1. 명령창에 cd card-game-war라고 입력한다.
2. lein test로 테스트를 실행한다.
3. 이 카타에서는 직접 테스트를 작성해야 한다.
4. 테스트를 통과시킨다!

소스 코드는 src/card_game_war/game.clj에 있다.

```
(ns card-game-war.game)

;; 아래 카드를 쓰든가 자신만의 자료구조를 만들어 쓰자.
(def suits [:spade :club :diamond :heart])
(def ranks [2 3 4 5 6 7 8 9 10 :jack :queen :king :ace])
(def cards
  (for [suit suits
        rank ranks]
    [suit rank]))

(defn play-round [player1-card player2-card])

(defn play-game [player1-cards player2-cards])
```

이번 테스트는 이전 연습 때와는 약간 다르게 설명만 있다. 테스트를 작성하는 것은 여러분의 몫이다. 여러분은 카드의 자료구조와 게임을 자유롭게 구현할 수 있다.

```
;; 게임을 위한 테스트를 채워넣자.
(deftest test-play-round
  (testing "the highest rank wins the cards in the round"
  ;; 테스트 작성을 시작하기 위해 실패하는 테스트를 만들어 놓았다.
    (is (= 0 1)))
  (testing "queens are higher rank than jacks")
  (testing "kings are higher rank than queens")
  (testing "aces are higher rank than kings")
  (testing "if the ranks are equal, clubs beat spades")
  (testing "if the ranks are equal, diamonds beat clubs")
  (testing "if the ranks are equal, hearts beat diamonds"))

(deftest test-play-game
  (testing "the player loses when they run out of cards")
  (testing "if both players run out of cards then it is a draw"))
```

4일차

전쟁 카드 게임 카타를 계속하자.

5일차

하루가 남았으니 오늘은 전쟁 카드 게임 카타를 마무리 짓자. 이미 문제를 풀었다면 게임을 약간 바꿔볼 수도 있다. 한 라운드에서 세 개의 카드는 뒷면으로, 네 번째 카드는 앞면으로 내놓는다면? 그리고 앞면인 카드의 점수가 높으면 그 라운드의 카드를 모두 가져간다. 혹은 가져온 카드를 임의의 위치에 넣으면 어떨까? 즉, 카드를 카드 더미의 맨 밑에 넣는 대신 임의의 위치에 넣는다면?

7주차

드디어 마지막 주다!

이번 주에는 웹 애플리케이션을 만들어보고 클로저 웹 호스팅을 지원하는 허로쿠(Heroku)에 배포해볼 것이다. 허로쿠는 괜찮은 무료 버전의 호스팅을 제공해서 이번 실습에 쓰기에 딱 좋다.

웹 애플리케이션을 만들기 전에 허로쿠에 배포하는 법을 단계별로 실

습해 보고 그 후에 7장에서 만든 체셔-고양이 웹 애플리케이션을 허로
쿠에 배포할 것이다.

1일차

먼저 필요한 일은 허로쿠 계정을 만드는 것이다. 이것은 무료이다.
https://signup.heroku.com/dc에서 계정을 만들 수 있다.

다음으로는 허로쿠 툴벨트(Toolbelt)가 필요하다. 이것은 애플리케이
션을 설정하고 배포하는 데 편리한 커맨드 라인 툴을 제공한다. http://
bit.ly/getstarted_on_heroku에서 다운로드할 수 있다.

일단 툴벨트를 다운로드했으면 사용자 이름과 비밀번호를 설정해야
한다. 명령창에 heroku login을 실행하면 이 작업을 할 수 있다. 이메일
과 비밀번호를 입력해야 한다.

```
$ heroku login
Enter your Heroku credentials.
Email:
Password (typing will be hidden):
```

이제 프로젝트 설정을 위한 모든 작업이 끝났다.

7장의 cheshire-cat 프로젝트를 찾아보고, cd 명령으로 프로젝트의 루
트 디렉터리로 이동한다.

만일 cheshire-cat 프로젝트가 깃 저장소로 초기화되지 않았다면 다음
과 같이 한다.

```
git init
```

다음은 프로젝트를 위한 앱을 허로쿠에 만드는 것이다. 이를 통해 허로
쿠는 당신의 배포 코드를 받아들일 준비를 한다. 명령창의 cheshire-cat
프로젝트의 루트 디렉터리에서 heroku create라고 입력한다. 그러면
다음과 같이 보일 것이다.

```
$ heroku create
Creating calm-reaches-2803... done, stack is cedar-14
https://calm-reaches-2803.herokuapp.com/ | ...
```

이 명령은 애플리케이션 이름을 임의로 만들지만 나중에 명령창에서 바꿀 수 있다. 또한 이 명령은 git config에 heroku라는 저장소를 추가한다. 이 저장소에 코드를 푸시하면 자동으로 배포된다.

코드를 푸시하기 전에 프로젝트 구성을 몇 가지 바꿔야 한다. 먼저 project.clj에 의존 라이브러리를 추가해야 한다. javax.servlet/servlet-api 라이브러리를 추가하자.

project.clj 파일에 다음과 같이 라이브러리를 추가한다.

```
(defproject cheshire-cat "0.1.0-SNAPSHOT"
  :description "FIXME: write description"
  :url "http://example.com/FIXME"
  :min-lein-version "2.0.0"
  :dependencies [[org.clojure/clojure "1.8.0"]
                 [compojure "1.4.0"]
                 [ring/ring-defaults "0.1.5"]
                 [ring/ring-json "0.4.0"]
                 [org.clojure/clojurescript "1.7.228"]
                 [cljs-http "0.1.39"]
                 [org.clojure/core.async "0.2.374"]
                 [enfocus "2.1.1"]
                 [javax.servlet/servlet-api "2.5"]] ; ❶
  :plugins [[lein-ring "0.9.7"]
            [lein-cljsbuild "1.1.1"]]
  :ring {:handler cheshire-cat.handler/app}
  :profiles
  {:dev {:dependencies [[javax.servlet/servlet-api "2.5"]
                        [ring/ring-mock "0.3.0"]]}}

  :cljsbuild {
    :builds [{
        :source-paths ["src-cljs"]
        :compiler {
          :output-to "resources/public/main.js"
          :optimizations :whitespace
          :pretty-print true}}]})
```

❶ javax.servlet을 의존 라이브러리로 추가한다.

다음은 Procfile을 추가해야 한다. 이 파일은 앱을 시작하는 방법을 허로쿠에게 알려준다.

루트 디렉터리에 Procfile이라는 파일을 만든다. 파일의 내용은 다음처럼 작성한다.

```
web: lein ring server-headless
```

이 명령은 웹 애플리케이션을 브라우저 없이 시작하라고 허로쿠에 명령하는 것이다(브라우저를 여는 lein ring server와 다르다).

이제 배포할 준비가 되었다. 이제 모든 변경 사항을 깃으로 커밋해야 한다. 다음과 같이 하자.

```
git add .
```

그리고 다음과 같이 한다.

```
git commit -m "ready for deploy"
```

마지막으로 자동 배포를 위해 코드를 허로쿠 저장소에 푸시하자. git push heroku master라고 입력하면 다음과 같이 보일 것이다.

```
$ git push heroku master
Counting objects: 202, done.
Delta compression using up to 4 threads.
Compressing objects: 100% (178/178), done.
Writing objects: 100% (202/202), 1.55 MiB | 343.00 KiB/s, done.
Total 202 (delta 24), reused 0 (delta 0)
remote: Compressing source files... done.
remote: Building source:
...
remote: ------> Launching... done, v3
remote:        https://calm-reaches-2803.herokuapp.com/ deployed to Heroku ; ❶
remote:
remote: Verifying deploy... done.
To https://git.heroku.com/calm-reaches-2803.git
   7386259..ac77a3f master -> master
```

❶ 배포된 앱 이름.

배포가 끝나면 배포된 앱 이름의 웹 사이트로 들어갈 수 있다. 이 예제에서는 https://calm-reaches-2803.herokuapp.com이다. 이제 서서히 사라지는 고양이 웹 페이지에 갈 수 있게 되었다. 다음 링크를 브라우저에서 열어보자.

```
https://calm-reaches-2803.herokuapp.com/cat.html
```

당신의 웹 애플리케이션은 허로쿠에 배포되고 호스팅되었다.

복습하면, 허로쿠 계정을 만든 다음 당신의 웹 앱을 허로쿠에 배포하기 위해 다음 단계를 따르면 된다.

1. 프로젝트 디렉터리에서 `heroku create`로 허로쿠 앱을 만든다.
2. 당신의 애플리케이션에 `[javax.servlet/servlet-api "2.5"]`를 포함시킨다.
3. 프로젝트의 루트 디렉터리에 다음과 같이 Procfile을 만든다.

```
web: lein ring server-headless
```

4. 깃으로 변경 사항을 커밋한다.
5. `git push heroku master`로 허로쿠에 배포한다.
6. 허로쿠의 웹 링크에 들어가서 앱을 확인할 수 있다.

이제 이후 실습을 위한 준비를 마쳤다.

2일차

오늘은 해먹(hammock)에 누워 쉬는 날이다. 코딩은 하지 않고 그냥 생각만 한다. 어떤 종류의 웹 앱을 만들고 싶은지 몇 가지 아이디어를 생각해 보자.

아이디어를 만드는 좋은 방법은 우선 종이에 몇 가지 아이디어를 브레인스토밍(brainstorming)해서 적어보는 것이다. 그런 후 커피를 한 잔 마시고 그 아이디어들을 다시 한 번 보면서 가장 마음에 드는 것을 선택한다.

일단 아이디어가 정해지면 그 앱이 어떤 모양일지 상상해 보자. 단순하게 만들어야 한다는 것을 잊지 말자!

3일차

앱 서버를 만들자. 어떤 라우트가 필요할까? JSON으로 할 것인가?

> 💡 도움이 되는 내용
>
> - "컴포저로 웹 서버 만들기" (131쪽)
> - "체셔 라이브러리와 링을 이용하여 JSON으로 응답하기" (136쪽)

4일차

클라이언트를 만들자. 클로저스크립트가 필요하다면 아래를 참고하자.

> 💡 도움이 되는 내용
>
> - "클로저스크립트로 브라우저에서 클로저 사용하기" (142쪽)
> - "클로저스트립트와 cljs-http 라이브러리로 HTTP 호출하기" (150쪽)
> - "클로저스크립트와 인포커스로 DOM 제어하기" (152쪽)
> - "인포커스로 이벤트 처리하기" (155쪽)
> - "다른 유용한 웹 개발 라이브러리들" (160쪽)

5일차

허로쿠에 배포하고 전 세계와 공유하자!

축하합니다!

여러분은 클로저 시작하기 훈련 프로그램을 마쳤다!

이제 당신의 두뇌는 함수형 방식으로 생각할 수 있게 되었고, 클로저 커뮤니티의 일원이 되는 데 필요한 모든 자원을 얻었다.

즐거운 클로저 여행이었기를 바란다. 클로저에서 지속적인 성공을 기원한다.

11장

더 먼 곳으로의 모험

지금까지 이 책은 클로저의 가장 중요한 핵심들에 초점을 맞추었다. 이를 통해 새로운 사고방식을 익히는 데 필요한 인지적 부담을 줄일 수 있었다. 하지만 아직 탐색하고 배워야 할 것들이 많다. 클로저는 구석구석에 아름다운 영역이 많은 다채로운 생태계이다. 이번 장에서는 탐색할 만한 몇 가지 영역을 소개하겠다.

첫 영역은 클로저가 언어로서 최근 지향하는 것이다. 이 책을 쓰고 있을 때 클로저 1.7 릴리즈가 준비 중이었다.[1] 1.7의 혁신적 기능 중 하나는 변환자(Transducers)라 불리는 새로운 기본 개념이다.

변환자 소개

변환자는 자료 구조와 그 변환을 분리하는 방법이다. 이렇게 분리하는 것의 장점은 변환을 재사용하고 조립할 수 있게 된다는 것이다. 변환자는 말로 설명하기가 좀 어려우니 실제 동작을 통해 살펴보자. 이를 위해 『이상한 나라의 앨리스』에서 간단한 예를 들어 설명할 것이다. 단어들을 하트 여왕의 정원에서 허용되는 단어들로 변환하는 예이다.

---

1   (옮긴이) 이 책을 번역하는 시점에는 1.8.0이 릴리즈되었다.

먼저 해야 할 일은 새로운 프로젝트를 만들고 클로저 1.7과 core.async를 받는 것이다.[2]

명령창에서 다음과 같이 입력하자.

```
lein new queen-of-hearts
```

project.clj 파일을 열고 다음과 같이 의존 라이브러리를 추가한다.

```
(defproject queen-of-hearts "0.1.0-SNAPSHOT"
  :description "FIXME: write description"
  :url "http://example.com/FIXME"
  :license {:name "Eclipse Public License"
            :url "http://www.eclipse.org/legal/epl-v10.html"}
  :dependencies [[org.clojure/clojure "1.8.0"]
                 [org.clojure/core.async "0.2.374"]])
```

src/queen_of_hearts/core.clj 파일을 열어서 core.async를 이름공간에 추가한 다음 REPL을 실행한다.

```
(ns queen-of-hearts.core
  (:require [clojure.core.async :as async]))
```

다음으로 필요한 것은 여왕의 정원에 있는 꽃들이다. 꽃과 그 색깔로 이루어진 벡터가 아래에 있다[3].

```
(def flowers ["white carnation"
              "yellow daffodil"
              "yellow rose"
              "red rose"
              "white rose"
              "purple lily"
              "pink carnation"])
;=> #'user/flowers
```

첫 번째 변환은 여왕이 원하는 대로 꽃들이 모두 빨간색이어야 한다는 것이다. 각 꽃 문자열의 색깔을 빨간색으로 바꾸는 함수를 만들어 보자. 함수의 이름은 paint-it-red이다. 이 함수는 문자열의 색깔 부분을 빨간색으로 바꾼다.

2　(옮긴이) 클로저 1.8.0으로 실습할 수 있도록 코드를 수정하였다.
3　(옮긴이) 하트 여왕의 빨간 장미 정원에 정원사가 실수로 다른 꽃들을 심었다. 정원사들은 여왕이 원하는 대로 빨간 장미 정원으로 복구해야 한다.

```
(defn paint-it-red [s]
  (str "red "
       (last (clojure.string/split s #"\s"))))
```

하얀 카네이션을 받아서 빨간 카네이션으로 바꾸어보자.

```
(paint-it-red "white carnation")
;=> "red carnation"
```

모든 꽃들에 이 함수를 map으로 적용해 보자.

```
(map paint-it-red flowers)
;=> ("red carnation"
;    "red daffodil"
;    "red rose"
;    "red rose"
;    "red rose"
;    "red lily"
;    "red carnation")
```

이제 모든 꽃들은 빨간색이 되었는데, 여왕이 원하는 것은 장미이다. 다른 꽃들은 없어져야 한다. 이것은 is-a-rose? 함수와 filter를 사용하면 된다.

```
(defn is-a-rose? [s]
  (= "rose"
     (last (clojure.string/split s #"\s"))))

(is-a-rose? "yellow rose")
;=> true
```

원래의 꽃들에 이 함수를 filter로 적용해 보자.

```
(filter is-a-rose? flowers)
;=> ("yellow rose" "red rose" "white rose")
```

잘 동작한다. 장미들만 남았다.

이쯤 되면 이제 변환자가 나올 때가 되었다. 꽃 문자열 벡터에 적용할 변환이 두 개이다. 이전 버전의 클로저에서는 map을 사용하려면 자료구조가 필요했지만 1.7 버전에서는 그렇지 않다.

자료 구조를 없애서 변환과의 연결을 끊을 수 있다. 이제 map 함수는 변환자를 반환한다.

```
(map paint-it-red)
;=> #object[clojure.core$map$fn__4781 0x4ca33400
            "clojure.core$map$fn__4781@4ca33400"]
```

filter 함수도 마찬가지다.

```
(filter is-a-rose?)
;=> #object[clojure.core$filter$fn__4808 0x561de68e
            "clojure.core$filter$fn__4808@561de68e"]
```

이 변환자가 있으니 현재는 데이터가 없어도 하트 여왕이 원하는 변환을 표현하고 합성할 수 있다. 간단히 comp 함수를 사용하면 된다.

```
(def fix-for-the-queen-xform
  (comp
    (map paint-it-red)
    (filter is-a-rose?)))
```

데이터에 변환자를 적용해서 변환을 실행하는 방식은 여러 가지이다.

- into 함수는 비지연 방식으로 변환을 컬렉션으로 바꾼다.
- sequence 함수는 지연 방식으로 변환을 컬렉션으로 바꾼다.
- transduce 함수는 변환된 요소 모두에 reduce를 적용하는 것처럼 동작한다.
- core.async 채널을 이용해서 변환을 할 수 있다.

꽃 문자열 예제에 위 방식을 하나씩 적용해 보자.

　into 함수는 변환자와 그 대상이 되는 컬렉션을 인수로 받아서 원하는 컬렉션을 반환한다.

```
(into [] fix-for-the-queen-xform flowers)
;=> ["red rose" "red rose" "red rose"]
```

sequence 함수는 인수는 into와 같은데, 나중에 쓸 수 있는 지연 시퀀스를 반환한다.

```
(class (sequence fix-for-the-queen-xform flowers))
;=> clojure.lang.LazySeq

(take 1 (sequence fix-for-the-queen-xform flowers))
;=> ("red rose")
```

벡터의 모든 문자열을 한 문자열로 만들고 싶다면 보통 reduce 함수를 사용한다. 이런 작업을 변환자로 하려면 transduce 함수를 사용한다. transduce는 환원(reduce) 작업을 수행하는 함수와 초기값을 받는다. 이때 환원 작업을 하는 함수는 두 개의 인수를 받는다.

```
(transduce fix-for-the-queen-xform ; ❶
           (completing #(str %1 %2 ":")) ; ❷
           "" ; ❸
           flowers) ; ❹
;=> "red rose:red rose:red rose:"
```

❶ 첫 번째 인수는 변환자이다.

❷ 다음 인수는 환원하는(reduce) 함수이다. 이 함수는 reduce 함수에서 사용했던 것처럼 인수를 2개 받는 함수여야 한다.[4] 그래서 이 환원 함수를 completing 함수로 감싸서 하나의 인수도 받을 수 있도록 만들었다.

❸ 환원 함수를 위한 초기값은 빈 문자열이다.

❹ 마지막으로 데이터를 추가한다.

변환자를 사용하면 좋은 점은 core.async와 같은 다양한 경우에 그 변환자를 다시 사용할 수 있다는 것이다.

　core.async는 채널을 정의할 때 변환자와 함께 정의하는 정말 좋은 방식을 제공한다. 그 변환자는 채널상의 각 요소에 적용된다.

```
(def flower-chan (async/chan 1 fix-for-the-queen-xform))
```

flower-chan의 결과를 문자열로 환원하는(reduce) 다른 채널을 정의하자.

```
(def result-chan (async/reduce
                   (completing #(str %1 %2 ":"))
                   ""
                   flower-chan))
```

마지막으로 flower-chan에 꽃 문자열 데이터를 실제로 집어넣어서 데이

---

4 (옮긴이) 또한, 변환자에 적용하려면 이 함수는 인수 1개를 받을 수도 있어야 한다.

터가 변환을 통과하게 하자.

```
(async/onto-chan flower-chan flowers)
;=> #object[clojure.core.async.impl.channels.ManyToManyChannel ... ]
```

result-chan 채널에서 결과값을 얻을 수 있으며, 비동기적 데이터 변환자의 묘미를 느낄 수 있다.

```
(def flowers-for-the-queen (async/<!! result-chan))

flowers-for-the-queen
;=> "red rose:red rose:red rose:"
```

변환자에 대해 살짝 맛보았다. 데이터와 변환자를 분리하면 코드는 더 단순해지고 재사용할 수 있게 된다. 변환자는 탐구할 만한 충분한 가치가 있다.

웹 애플리케이션 개발과 변환자 이외에도, 탐구할 만한 훌륭한 책과 논문들이 많다.

더 읽을거리

아래 제시된 읽을거리가 전부는 아니지만 좋은 출발점이 될 것이다.

- Lewis Carroll, 『Alice in Wonderland』
- Michael Fogus and Chris Houser, 『The Joy of Clojure』, 2014, Manning Publications[5]
- Colin Jones, 『Mastering Clojure Macros』, 2014, The Pragmatic Programmers
- Daniel P. Friedman and Matthias Felleisen, 『The Little Schemer』, 1995, MIT Press
- Lewis Carroll, 『The Hunting of the Snark』
- 『ClojureScript: Up and Running』, Stuart Sierra and Luke Vander-

---

5 (옮긴이) 이 책은 『클로저 프로그래밍의 즐거움』(비제이퍼블릭, 2016)으로 국내에 출간되었다.

Hart, O'Reilly, 2012

- 「Recursive Functions of Symbolic Expressions and their Computation by Machine, Part I」, John McCarthy, MIT, 1960[6]

클로저 세계에 온 것을 다시 한 번 환영한다. 클로저라는 이상한 나라에는 당신을 기다리는 모험이 가득하다.

---

6   http://www-formal.stanford.edu/jmc/recursive/recursive.html

찾아보기